墨菲定律

Murphy's Law

图书在版编目（CIP）数据

墨菲定律 / 楮墨编著. -- 北京 : 九州出版社, 2018.12

ISBN 978-7-5108-7638-7

Ⅰ. ①墨… Ⅱ. ①楮… Ⅲ. ①成功心理—通俗读物 Ⅳ. ①B848.4-49

中国版本图书馆CIP数据核字(2018)第281168号

墨菲定律

作　　者　楮墨　编著
出版发行　九州出版社
地　　址　北京市西城区阜外大街甲35号（100037）
发行电话　（010）68992190/3/5/6
网　　址　www.jiuzhoupress.com
电子信箱　jiuzhou@jiuzhoupress.com
印　　刷　大厂回族自治县德诚印务有限公司
开　　本　880毫米×1230毫米　32开
印　　张　8.25
字　　数　180千字
版　　次　2019年4月第1版
印　　次　2019年4月第1次印刷
书　　号　978-7-5108-7638-7
定　　价　45.00元

前言

这个世界纷繁复杂，许多事情虽然是我们习以为常的，但我们却并不了解其真相，需要借助一些理论来揭示事物运行的逻辑规律，推演命运发展的因果关系。古今中外，人们总结出许多神奇的定律、法则、效应，这些神奇的理论，不仅能帮助我们洞悉世事，解释人生的诸多现象，更是指导我们改变命运的不二宝典。

无论你是否了解这些定律或法则，它们都在起着重大，甚至决定性的作用——只是我们很少去关注它们。纵观中外，那些伟大的成功者们，都深谙这些法则与定律的奥妙所在，也都在悄然遵循着它们行事。因此，无论我们是谁，从事何种职业，都需要对这些法则和定律有所了解。

一件事情如果可能出错，就一定会出错；如果有两种或两种以上的方式去做某件事情，而其中一种选择方式将导致灾难，那么则必定有人会做出这种选择；如果事情有变坏的可能，不管这种可能性有多小，它总会发生，还有，所有的事情都会比你预计的时间要长，等等，这就是墨菲定律告诉我们的。

本书共介绍了包括墨菲定律、洛克定律、二八法则、马太效应、登门槛效应等在内的数十种经典的定律、法则、效应。这些定律、法则以心理学的基本知识为依托，以案例分析为突破口，将晦涩难懂的心理学概念掰开揉碎，并附以形象生动又不失现实意义的心理学案例加以说明，就如何运用其解释人生中的诸多现象，指导我们的工作和生活等进行了深入浅出的解读，在确保实用性的同时又不失趣味性，适合不同年龄、不同性别及不同文化层次的人阅读，是一部适合大众并可以启迪智慧、改变命运的心理学枕边书。

书中的这些定律、法则、效应风靡全世界，无论于做人还是做事，都是成功人士所必知的。相信只要认真阅读此书，一定可以在轻松愉快的氛围中吸取其精华，多一分清醒，多一分智慧，也可以凭借这些神奇的法则、定理来驾驭你的人生，助你开启光明之门。

目录

第一章 成功法则——人是一切的源头

第二章 职场行为准则——你的价值是你最坚定的靠山

第三章 管理学原理——左手制度力，右手执行力

第四章 社交“读心术”——攻心为上，驭人有方

第五章

人性定律——光辉与弱点并存

第六章

经济学效应——富者越富，贫者越贫

两性关系定律——合适的就是最好的

幸福法则——生活的幸福密码

第一章

成功法则——人是一切的源头

墨菲定律：如果可能出错，就一定会出错

当你在忙碌的工作之余，偶尔开个小差，却偏偏正好被老板看到；菜刀钝得什么都切不动，切伤手却毫不费力；乘公交座位坐满，只得站着时，只有你附近的座位总也空不出来；超市排队结账的队伍，你所在的一排前进永远是最慢的。

这些其实都是墨菲定律跟你开的玩笑。墨菲定律无处不在，当你忽视它的存在，就会受到它的惩罚；当你承认自己的无知，就会受助于此，只因防患于未然。

墨菲定律也被戏称为“倒霉定律”，是以一个名叫爱德华·A·墨菲的人命名的。

1949年，墨菲到爱德华兹空军基地参与美国空军的MX981火箭减速超重试验，以测定人类对加速度的承受极限。实验之一是把16个精密传感器装在超重实验设备上，然后加压，只要传感器没有发出警报，就不断加压。不可思议的是，负责装配的同事把16个传感器全部装反了！

沮丧的墨菲调侃道：“如果做一项工作有多种方法，而其中一种方法将引发事故，那么一定会有人按此方法去做。”这个玩笑随即风靡爱德华兹空军基地，一旦有人做错事情，大家便以此嘲笑他。为此，每个人都力避出错，实验任务很快顺利

完成了。

在随后的记者招待会上，墨菲的上司斯塔普把实验成功归功于这个玩笑，并称其为“墨菲定律”。他总结道：“如果一件事情有可能出错，它就一定会出错。”从此，墨菲定律迅速流传到世界各地，并演变出各种各样的形式。

20世纪中叶，乐观主义笼罩全球：科技突飞猛进，人类在自然界、医学界及其他领域都取得了史无前例的巨大成就，于是许多人认为人类从此可以抗衡宇宙。殊不知，与茫茫宇宙相比，人类不过是一粒渺小的尘埃。人类有自身的局限性，无论有多高深的智慧也不足以理解世间万物，自然也避免不了犯各种错误。

墨菲定律的意义正在于此，它提醒人们不要盲目乐观、狂妄自大。错误既然是这个世界的一部分，与错误共生便是人类不得不接受的命运。我们要学会如何接受错误，并不断从中总结经验教训，尽可能于事先便考虑得周全些，采取多种保险措施，消除安全隐患，降低事故的发生概率。

2003年，美国“哥伦比亚”号航天飞机即将返回地面，却在美国得克萨斯州中部上空突然解体，机上的6名美国宇航员及首位进入太空的以色列宇航员全部罹难。

“哥伦比亚”号航天飞机的失事其实并不意外，如此复杂的系统如果不是在今天出事，可能明天也无法避免。而事故之后，人们必须要做的是积极寻找事故原因，以避免下一次事故的发生。放任悲剧再次重演，或是就此放弃航天事业，都不会是为一个国家所接受的结果。

一件事情，只要有人参与，就不可能确保每一个环节都不会出错。环节越是复杂，参与的人越多，出错的概率也就越大。甚至可以说，我们处理问题的方法越高明，将要面临的麻烦也就越大——事情永远都会出错，最坏的情况永远都会发生。

如此看来，墨菲定律似乎完全是悲观主义的论调，我们在一定会变糟的可能面前，是否就只能听天由命了呢？

事实恰恰相反。诚然，容易犯错是人类与生俱来的弱点，但我们通常是在尝试和失败中学习，而不是由正确中学习。

超级油轮“卡迪兹号”在法国布列塔尼沿岸的爆炸，让石油公司对石油运输中的许多安全设施重新加以核查，以避免成千上万吨的石油污染大片海面及沿岸的悲剧再次重演。具有冲击性的错误，引导着人们关注细节，不断将事物加以完善。人类的发明史，某种程度上讲，也是一部试错的历史。成功者之所以成功，绝非未曾经历失败，而是没有被失败左右。

一天，一个名叫雅各布·博尔的丹麦大学生在实验室做实验时不小心打碎一只玻璃瓶，他没有一味悲伤叹惋，而是俯身精心收集起那些碎片。

这时，雅各布·博尔突发奇想，他将那些碎片分为大的、次大的、次小的和最小的4类，然后依次将其称重。结果发现，这几类碎片，大的与次大的重量比为16比1，次大的与次小的也是16比1，次小的与最小的同样是16比1。他对这个规律很感兴趣，于是又做了大量实验，结果发现几种碎片的重量比都接近16比1！

于是，雅各布于1942年推出了著名的“碎花瓶理论”，并以此理论为基础修复文物、陨石等不知其原貌的物体，给考古学及天体研究带来了意想不到的收获。

错误是创造萌芽时不可或缺的副产品，一味回避错误，害怕试错，也必然难以有所收获。哥伦布以为自己发现了到印度的捷径，却由此发现新大陆；开普勒从错误中偶然发现行星间引力；爱迪生试了几千种材料，才知道钨丝可以用作灯丝。

得失本就并非永恒，而是可以互相转化的矛盾共同体。事物都有其两面性，从另一个角度看，墨菲定律恰恰是在提醒我们，要关注细枝末节上可能出错的各种可能性，事先做好周全预案，将可能把更多的隐患扼杀于萌芽。

古语云："万事必作于细。"墨菲定律一方面警告我们，最坏的情况一定会发生，无论是对技术还是概率都不要盲目自信，另一方面也提醒着我们，防微杜渐，事先尽量考虑到每一种可能性，消除潜在隐患。既然最坏的情况总会发生，至少我们可以提前做出周全的预案——这或许才是墨菲定律给我们最大的启示。

洛克定律：确定目标，专注行动

奋斗就要有方向、有目标，如果一个人不清楚自己奋斗的方向，也不知自己想要达到什么样的目标，又何谈能成功，即使误打误撞达到了目的，也会茫然不知，所以，要想成功，首先要设立明确的目标。

美国哈佛大学一项关于“目标”的跟踪调查证明了上述说法的科学性。这次的调查对象为一群无论在智力、学历还是生长环境都相差无几的年轻人。调查结果表明，在这群年轻人中，90%的人没有奋斗目标，6%的人有奋斗目标，不过目标很模糊，只有4%的人有着十分清晰明确的目标。

20年后，这些年轻人的生活状态有了明显差别，那4%有清晰明确目标的人，取得了令人瞩目的成就，生活和事业都远远优于另外96%的人，仔细推敲他们成功的原因，赫然发现，其中最重要的就是这4%的人有着清晰明确的奋斗目标。

美国心理学家埃德温·洛克认为：要想成功，就得设定一个奋斗目标。而这个目标一定不要罔顾实际，而要既富有挑战性，又要给人以希望。

有目标未必能成功，但没有目标的人一定不能成功。成功的人绝不是成功后才设定目标，而是先设定好目标才取得成功的。

目标可以说是我们前进的动力，是指引我们走向成功的灯塔。茫茫大海上，那些没有方向的船总是跟在有方向的船后面，这是

“没有目标的人通常在为有目标的人达到目标出力”的一个注脚，是不争的事实。一句话，有目标，才会有属于自己的未来。

设定目标的目的，就是要让它指引自己向确定的方向前进，直至到达成功的彼岸。那么，如何才能让目标尽快实现呢?

让目标尽快实现的最好办法就是专注于这个目标尽快行动。经济学家樊刚曾说过这样一句话：“人的精力是有限的，什么都想做的结果是往往什么都做不好，到头来一事无成。”

这句话道出了专注的重要性。太阳光可以将一根火柴点燃，方法很简单，就是用凸透镜把太阳光聚焦在火柴头上，这样，火柴的头部很快达到着火点而燃烧起来，这是聚焦的力量，也就是专注的力量。

在很多武侠小说中，有一个词经常出现，这个词就是“闭关修炼”。大凡武林宗师，为了达到一个新境界，或对深奥的武学至理有深刻的理解与领悟，都要找一个无人打扰的僻静之地，比如密室、山洞，苦思冥想几个月，甚至几年。经过这样专心致志的修炼，最终有所感悟，成功突破境界，跨入大成。“闭关修炼”需要的正是专注。

爱迪生号称“发明大王”，一生有一千多项发明，涉及光、电、磁、机械、化学诸多方面，可以说是一个“通才”，可是他的“通”是建立在每段时间都专注于一项发明的基础上的，如果他一边想着找寻电灯的发光材料，一边想着让留声机发声，还同时研究蓄电池，你想他会成功吗？不单单是我们这样认为，他本人也是这样想的，有人曾问他：“您认为成功的要素是什么？”爱迪生做了这样的回答：

“每个人整天都在做事，假如你早上7点起床，晚上11点上床休息，整整16个小时在工作。其中绝大部分的人肯定做了一些事，不同的是他们做了很多很多的事，而我只做一件事。如果你们将这些时间都用来做一件事、用在一个方向上，一样会取得成功。”

毋庸置疑，专注行动是通向成功的捷径。当你的脑袋只装着一件事的时候，你会放下和忘记其他的事情，同时，你的大脑会努力搜索和当前这件事相关的所有信息，而这将大大提高你的创造力。相信每一个专注的人都曾有过这样的体会：当集中精力去做一件事的时候，思维通常很活跃，做事效率很高，因为这个时候脑电波不受其他事情的干扰，可以很清晰、很有逻辑地去思考，效率自然会高。

在目标的设定中，一定不要不顾实际好高骛远，要立足脚下，才能让目标有成功实现的机会。

20世纪50年代，一位运动员为自己确立了一个目标：她要在退役前完成横渡英吉利海峡的壮举，成为世界第一人。为了完成这一目标，她不断地进行周全的准备和刻苦的训练。

一天，天气非常好，这位自信心十足的女运动员，站到大海边，回过身来向注视她的观众挥挥手，一跃跳入大海，奋力地朝对岸——英国的方向游去。

起初，她体力充沛，并且天气条件非常好，她前进的速度很快，心情也很愉悦。而就在这次横渡接近尾声的时候，意外发生了：海面上突然大雾弥漫。面对着恶劣的天气条件，体力也过度消耗，但女运动员没有放弃，还是拼尽全力向前游着。可是坚持了不一会儿，她就感觉筋疲力尽了，于是被迫终止横渡行动。

当得知自己离对岸只有几百米的距离时，她明白了：我之所以放弃，是因为我看不到即将到达的目标。

总之，应该让目标和行动“生长”在我们的头脑之中。作为心中的蓝图，目标不但激励我们前进，而且需要我们一笔一画、一砖一瓦地“建造”出来，而唯有专注行动，才能让这个梦想实现。

吉格勒定理：心有多大，舞台就有多大

无论在哪个时代，地位低下、人微言轻都是多数人的写照，但是，我们不能因为自己现在是一个小人物、平常人，就看不起自己，就妄自菲薄。很多时候，能否成功，或者能取得多大的成就，都取决于你有多大的“野心”。

伊索是一个奴隶，相貌奇丑，但他从不小看自己，反而以自己的绝顶聪明赢得了自由之身。据说，他的主人因为他的丑陋不肯在一个官员面前承认他是自己的奴隶，说他与自己一点儿关系也没有。

伊索就趁机请那位官员作证，要主人解除自己的奴隶身份，因为主人说自己与他一点儿关系都没有。主人赏识他这样敏捷的才智，就答应了他的要求，从此，伊索成了一个自由乡民，他经过努力，为我们留下了脍炙人口的《伊索寓言》，赢得了后人的极大尊敬。

一个人看重自己的地位，是无可厚非的，但却不应该把地位看得太重。不可否认，人们的潜意识里总有着“大人物”与“小人物”的高下之别，但是能称得起“大人物”的毕竟是少数，更多的人则是再平常不过的“小人物”。况且“大人物”也是从“小人物”不断变“大”的，所以不要因为自己是小人物，就看不起自己。

实际上，任何伟大的成就都是平凡人从平凡的工作上一步步做起来的。韩国总统金大中在初中时就给自己定下了发展目标：未来总统金大中。可想而知，他肯定受过无数次的冷嘲热讽，遇到过诸多的困难阻挠，可最终他确实当上了总统。历史上，这样的事例不胜枚举。

我们现在正处于一个高速发展的时代，变化日新月异，机会也非常多，但机会再多，也需要我们有一颗渴望成功，渴望卓越的“心”。如果你想取得大的成就，并肯不懈地努力奋斗，那么你就容易取得成功，反之，成功多半会与你擦肩而过。

可见，高目标是取得高成就的必要条件，设定一个高目标就等于达到了目标的一部分，这就是吉格勒定理。

然而在生活中，当一个人萌生出想法，想去做一件在当时多数人看来不自量力的事时，别人就会嘲笑他异想天开，是“癞蛤蟆想吃天鹅肉”。

可是，古今中外，就是因为有了那些“胆大妄为”的“癞蛤蟆”，我们人类才得以创造更多的奇迹，推动文明社会的高速发展。当初在杭州尚未开通拨号上网业务的时候，马云就已经想着要利用互联网来开公司了，但在那个时候，他的这个过于超前的想法无疑遭到了亲朋好友的强烈反对。

马云回忆说：

“当时我请了24个朋友来我家商量。我整整讲了两个小时，他们听得稀里糊涂，我也讲得糊里糊涂。最后有23个人说算了吧，只有一个人说你可以试试看，不行赶紧逃回来。我想了一个晚上，第二天早上决定还是干，哪怕24个人全都反对我也要干。其实我当时对互联网并不是很有信心，然而我觉得做一件事，无论失败与成功，经历就是一种成功，你去闯一闯，不行你还可以掉头；但是如果你不做，就像晚上想想有千条路，早上起来还是走原路，这样一点意义也没有。”

1995年4月，马云和妻子再加上一个朋友，凑了两万块钱，专门给企业做主页的海博网络公司就这样开张了，网站取名为中国黄页，它是中国最早的互联网公司之一。时隔多年，回忆起当年力排众议的情形，马云依然为自己的选择叫好。

如果以今天的思维形容当初马云的想法和行动不就是“癞蛤蟆要去吃天鹅肉”吗？但既然有吃的想法，就要付之于行动，成功是需要勇气去争取的，否则人生就只能原地踏步。

每个人都渴望得到成功，但成功与不成功之间，却隔着无数的艰难险阻。普通人看到这些艰难险阻就怯懦、退缩了，他们告诫自己：“你就是一只普普通通的癞蛤蟆，想什么天鹅肉呢?”他们往往这样劝慰自己，然后转身离去。而成功也就因此与他们分道扬镳。

而马云这样的人不同，他是一只有抱负的“癞蛤蟆”，不会因为这些艰难险阻而放弃自己的追求。正是因为有了对梦想的坚持，他才有了前进的动力，依靠行动破除阻力，成功也就因此而降临了。

用飞机来运送快递，在今天是再平常不过的事情，然而，在第一包邮件被放到专门的飞机上来投递之前，有谁敢这样想、这样做呢？弗雷德·史密斯就是这个实践者，他是联邦快递历史上最著名的管理者，快递运输改革的第一人。

最终，史密斯不但做了，而且还越做越好。在经过初期两年的不断亏损之后，史密斯的客户们终于意识到了飞机运输所带来的好处，因此他手中的货源不断增加，而货源的增加也使得单件运送货物的成本不断下降。在这样的良性循环下，联邦快递取得了长足的进步，很快就超越同行业的其他企业，成为占世界运输市场份额第一位的国际性运输集团。

可见，成就大小，很多时候取决于你想成为一个什么样的人，你有多大的野心，正所谓心有多大舞台就有多大，你的“心”放在世界，你就能取得站在世界之巅的成就。如果你的“心”蜗居在家，你的世界也就止步于此了。

自信心定律：相信自己，才能创造美好

一个自信心强的人不管做什么事，哪怕是很难甚至看不到希望的一件事，他也会满怀斗志地去做。在他的人生字典里，没有不可能的字眼，他总是充满前行的能量，而想要的东西往往会被他收入囊中。

那么，为什么相信自己的人会有如此大的干劲儿，而且还往往会获得成功呢？最主要的原因就是信心所赋予的巨大能量。自信可以制造出一种积极向上的心态，它让人无所畏惧、一往无前。

心理学家哈德·菲尔德在谈到积极心态对人产生的力量时说："我做了这样一个实验：用3个人来测试心理变化对生理产生的影响。在3种不同的情况下，我让这3个人用全力握住测力计。实践证明：在正常状况下，他们每个人的平均抓力都在100磅左右。当他们被催眠后，抓力就变成了29磅——是正常抓力的1/3。第三次测试时，我告诉他们我在给他们催眠，并给予了他们能量，他们的平均抓力居然达到了140磅。事实证明：当人们心中充满积极有力的思想时，抓力将多出将近一半。"

可见，一个人所具有的真正实力不仅由体质决定，心理也会对其产生影响。相信自己的人对自己持有肯定的心态，才使得他们具有超出常人的力量去应对困难，博取成功。

在美国整个职业篮球联盟中，博格斯是最矮的球员之一，但他却能在巨人如林的篮球场上竞技，并且跻身于大名鼎鼎的NBA球星之列。

有人或许会说，作为NBA的球员，身高是第一位的，可是博格斯却没有傲人的身高——甚至和普通人相比，他都是个“二等残废”。那么，是什么促使他选择篮球呢？又是什么让他成为一个篮球明星呢？

原来，博格斯的成功主要归功于自信的心态。

博格斯从小就很喜爱篮球，可因长得矮小，伙伴们都瞧不起他。有一天，他伤心地问妈妈：“妈妈，我还能长高吗？”

妈妈鼓励他说：“博格斯，你不仅能长高，而且还会长得很高很高，会成为人人都知道的大球星。”从此，博格斯就一

直认为，自己绝不会一直这样矮，一定会长高的，而且也一定会成为别人眼中成功的大球星。

“既然自己还能够长高，那就不用担心什么啦。”博格斯放心了。他明白，作为一个职业球员，一定要有精湛的球技。于是，博格斯开始苦练篮球技术。在博格斯看来，把球技练好，自己也长高了，也就能进入美国职业篮球联赛了。

可是后来博格斯发现，自己不能再长高了。但这时，身高对他来说已经不重要了，因为在大学联赛的赛场上，人们看到他凭借个儿矮的优势飞速地运球过人，并成功抢断篮板。因为表现突出，不久他就被球探发现，进而被招进NBA。

相关专家分析说：“夏洛特黄蜂队的成功在于蒂尼·博格斯的矮小。”博格斯技术好，他发挥了矮个子重心低的优势，从而成为一名断球能手。

博格斯回答说：“因为我虽然个子矮，但我相信我也一定能具有高个子一样的实力！”事实证明，博格斯的这句话是正确的。

先天的劣势没能让博格斯沮丧，因为他相信自己有足够的能力来弥补这一短板，从而让自己不可或缺，结果，他成功了。试想一下，假如博格斯早早地就断定自己打不了篮球，那么，他可能就不会选择篮球作为自己的职业了，他的篮球天赋会因此而被埋没。

世界上之所以平庸者居多，主要是因为很多人悲观地看待自己所遭遇的困境，在困难面前早早就泄了气，所以只好接受失败的结果。

一只山羊在觅食的过程中，发现了一处菜园和一座果园。面对鲜嫩的蔬菜和飘香的果子，山羊一时不知道该如何是好。通过内心反复的斗争，它决定先吃蔬菜，然后再吃果子。

山羊来到菜园旁边，菜园的栅栏不仅高而且密，它根本无法挤进去。山羊不得不悻悻地离开，前往远处的果园。

看着高高悬挂的果实，山羊怀疑自己的个头是否能够碰到这些诱人的果子。当它低头思索时，突然发现了太阳照在地上留下它那长长的影子："我这么高大，肯定可以够到那些果子的。"想到此，山羊十分兴奋，开始向果园跑去。

太阳渐渐升到了中天。这时，山羊也快跑到果园旁边，看着突然变短的影子，山羊一下子惊得停了下来。"我怎么这么矮小?"山羊惊讶起来。当它再看近在咫尺的果树时，果树好像比之前还要高大许多。"这么高的树，我怎么能吃到上面的果实呢？其实，我刚才先把菜园的栅栏啃断几根，是可以进去的，我还是回去吧。"想到这里，山羊又开始掉头向菜园跑去。

跑到栅栏边，山羊便试着去啃那些栅栏。可是，这些栅栏实在太硬，山羊觉得自己的牙齿都要被啃掉了。山羊啃了半天，也没有啃断一根栅栏。

这时，太阳已经西斜。山羊又看到了自己高大的影子，觉得自己又有可能吃到果子了，于是，山羊又开始向果园奔去。

总有些人遇到困难时不忧不愁，相信自己“一定能成功”“一定有办法解决困难”“现实就这样糟糕，但自己应该有办法解决”，在这种信念的驱动下，他们坚持前进，百折不挠，遇水搭桥，逢山开路，直到柳暗花明。

世上的事情往往如此，你越相信自己有能力、有办法解决，事情反而变得简单，容易解决，相反，越是有畏难情绪，越是不相信自己有能力解决，简单的事情也会变得复杂、不容易解决，正所谓态度决定一切。

肌理法则：时间是感性的，人是理性的

肌理是指物体表面的组织纹理结构，即物体表面各种纵横交错、高低不平、粗糙平滑的纹理变化。时间也有自己的肌理，简单来说，时间的肌理法则讲的是要全方面设计和利用时间，也就是要统筹兼顾地安排时间。实际上，这不是什么新鲜事，中学课本中，有一篇华罗庚先生写的《统筹方法》，现截取一段：

> 统筹方法是一种安排工作进程的数学方法。它的使用范围极广泛，在企业管理和基本建设，以及关系复杂的科研项目的组织与管理中，都可以应用。
>
> 怎样应用呢？主要是把工序安排好。
>
> 比如，想泡壶茶喝。当时的情况是：开水没有；水壶要洗，茶壶茶杯要洗；火生了，茶叶也有了。怎么办？
>
> 办法甲：洗好水壶，灌上凉水，放在火上；在等待水开的时间里，洗茶壶、洗茶杯、拿茶叶；等水开了，泡茶喝。
>
> 办法乙：先做好一些准备工作，洗水壶，洗茶壶茶杯，拿茶叶；一切就绪，灌水烧水；坐待水开了泡茶喝。
>
> 办法丙：洗净水壶，灌上凉水，放在火上，坐待水开；水开了之后，急急忙忙找茶叶，洗茶壶茶杯，泡茶喝。

哪一种办法节省时间？我们能一眼看出第一种办法好，后两种办法都窝了工。

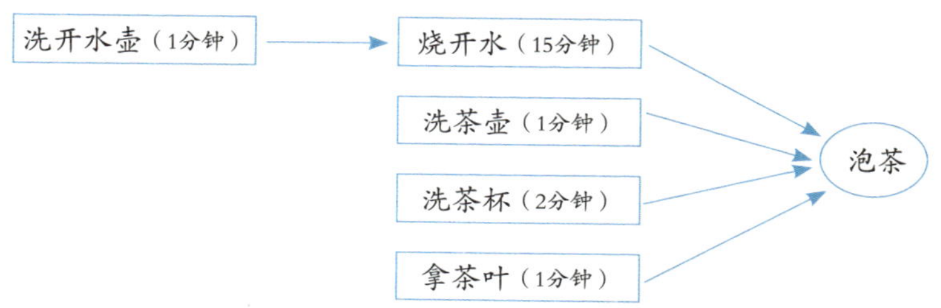

你可以十分轻松地口算出：办法甲所用的时间为16（1+15）分钟；办法乙所用时间为20（1+1+2+1+15）分钟；办法丙所用时间为20（1+15+1+1+2）分钟。

只有合理分配好时间，才能够有效地利用时间。很多人做事往往只看到眼前，而将更有意义的东西抛到九霄云外，从而犯了顾此失彼、以偏概全的错误，使得生活中的一些烦恼和忧愁如影随形。对时间的利用更是如此，要想充分利用好每一分钟，就要多方面、多角度地去利用和安排，努力发现“隐形时间”，好好加以利用，这样就能使时间安排富有肌理性。

比如一天24小时，可以这样安排：

休息时间安排在22：00～6：00的时间段；吃早餐，了解早新闻，安排在6：00～7：30这段时间；假定上班路上要耗费30分钟，可以利用这段时间对当天的工作做一个大概的安排；8点钟准时到达工作地点。

8：00～17：00是你在单位的工作时间，在这段时间内，要全神贯注，高效工作，计划完成的工作一定要在这个时间段全部完成，如果有遗留工作，等待明天去完成，这样就打乱了统筹安排的计划。

在回家的路上可以想一下回家以后要干什么，或者回顾一下今天的工作情况。

22：00之前可以作为你的机动时间。这个阶段包括准备晚餐、享用晚餐。晚餐后，你可以选择健身、可以选择阅读，还可以选择学习，一切有益身心的事情都可以去做，到了22：00点，就要洗漱一下，准备休息了。

这样统筹兼顾地整理、安排你每一天的时间（当然，你可以根据具体情况另订自己的作息时间表），你的生活、工作不就井井有条了吗？更重要的是你的每一小时、每一分钟都不会被浪费，不论发生什么事，在你判断出事物的性质以后，就能给它安排出合理的时间，并把它完成得最圆满。

克尔顿在佛罗里达州无人不知，无人不晓。为什么他的知名度如此之高，是因为他代表佛罗里达州参加了美国的全民运动会并捧回了一块金牌，这让他一下子成了公众人物，让我们看看他的一天是怎样度过的。

> 每天早晨5点他准时起床，与普通人的生活规律不同的是，他起床后的第一件事就是跑到公路上进行长跑训练，他在长跑过程中还不时地和来往的车辆打招呼。这是为了增添训练中的趣味。他跑上20公里后，再返回来，回到家里已经是7点了。
>
> 到洗澡间洗漱完毕出来，开始吃早餐，早餐过后，他背起书包，这时正好7：30，8：00正好跑到学校，这一段路程是8公里。8：00～16：00是他在学校里学习文化课的时间。因为精力充沛，他学习成绩一向很好。16：00～17：00是课外活动时间，因为爱好与兴趣广泛，文体项目样样精通。课外活动时

间也是他为同学们在篮球场上做“体育表演”的时候，同学们经常为他一个绝妙的进球大声喝彩。无论玩得怎样开心，克尔顿都能很好地控制自己，决不会玩过了头。17：00准时向家里跑，17：30到家，放下书包，稍稍休息，18：00便又开始了比早晨短一半路程的长跑。19：00又回到家里，这时晚饭再过10分钟就好了，这10分钟正好是克尔顿洗漱休息的时间，20：00晚饭结束。开始看一天的电视新闻，21：00～21：30复习当天的功课，21：30分上床睡觉。

这便是克尔顿的一天，正因为他有这样“肌理”分明的每一天，所以过得非常充实，客观上说，这让他从纽约捧回一块金光闪闪的奖牌。

时间是组成生命的要素，设计利用好时间，自然也就掌握了生命的节奏，成功也会如期而至，一切辉煌都会变得水到渠成。

木桶定律：限制你发展的“短木板”

要想让一只木桶盛满水，木桶侧面的木板要平齐且无破损，如果侧面木板中有一块木板短于其他木板，或者某块木板下面有破洞，这只桶就无法盛满水。可见，一只木桶能盛多少水，并不取决于它最长的那块木板，而是取决于它最短的那块木板。如果想让木桶盛满水，就要换掉或加长那块短板。这就是木桶效应，也称为木桶定律或者短板效应。

这个理论可以应用在成功学上：当一个人的成就到了一定程度，制约他成长、发展的是他最稀缺的资源，而不是他最富有的资源。每个人、每个企业，乃至每个国家都有自己的“短木板”，很多时候，这块“短木板”会成为让你我防不胜防的“软肋”。在古希腊神话中，有一个意义深刻的故事，叫“阿喀琉斯之踵”：

> 阿喀琉斯的母亲是一位女神，在阿喀琉斯出生后，他的母亲就把他浸入冥河洗礼，希望他百毒不侵、长生不老。洗礼后，阿喀琉斯果然身体康健，百毒不侵，但是由于洗礼时，他的脚踵被母亲提在手中，未能被冥河水浸泡，所以，他的脚踵成了他唯一的弱点。

在漫长的特洛伊战争中，阿喀琉斯作战勇猛，所向无敌，成为希腊人最勇敢的将领。但是，就在历时十年的克洛伊战争就要结束之际，敌方将领帕里斯在众神的示意下，知道了阿喀琉斯的弱点，在一次战争中，他用箭射穿了阿喀琉斯的脚踵，致使阿喀琉斯流血不止，最终不治身亡。

阿喀琉斯的教训让我们知道一个道理，即使你再强大，只要你有“软肋”，只要你没有保护好它，那么你就是危险的，就是可以被打败的。

一定程度上，你的“软肋”就是限制、影响你发展的“短木板”，它的存在让你不是有所不能，让你不敢“马放南山”，有丝毫的大意和懈怠。

人贵有自知之明，如果我们了解自己的薄弱之处，并用心去弥补、改善它，那么无疑会有利于事情的解决，让我们更强大。

有一家贸易公司，采购和销售是两个相对独立的部门，按照公司的规定，两个部门每隔一周就要交流一次，可是，由于工作繁忙，再加上分属于不同的部门，这种沟通时有时无。虽然这两个部门都人才济济，实力强大，但是由于各自为战，致使工作中经常出现积压、断货等现象，实际上这是可以避免的，只是因为沟通不畅所致。

总经理及时发现了这个“短板”，针对实际情况，他想出一个解决问题的好办法。他为两个部门安装了一个高效的内部沟通软件，这个软件能够及时展现货物的库存情况，同时便于两个部门的及时沟通，这样就很好地解决了原来有单无货、有货无单的情况。试用一段时间后，效果空前，公司的效益得以大增。

长处、优点人人有，缺点和不足之处也是不可避免的，重要的是要认清这一点，并进而做好扬长避短的工作，努力把“短木板”变成“长木板”，不断提高“容量”，这样自然就会离成功越来越近，也就能取得不断的成功、更大的成功。

计划法则：凡事预则立，不预则废

在制订计划方面，有相当一部分人存有这样的想法：计划是一种约束，反正朝着最好的业绩出发，勇往直前地努力就可以了，没必要非得自缚手脚。

还有一些情况是这样的：没有按照计划工作的习惯，计划虽然做好了，但工作起来还是我行我素，同时，公司的管理人员也没有维护计划的习惯，项目开始没多久，计划就被完全撂到一边了。

显而易见，这两种想法和认识都是有失偏颇的，美国企业家理查德·史罗马指出："对一个方案，宁可延误其规划之时间，以确保日后执行之成功，切勿在毫无科学合理的轮廓之前，即草率开始执行，最终导致错失该方案之规划。"

制订计划是为了更好地完成事情，更顺利地达成目标，通过制订计划，能够了解要做之事的有关事项，让工作形成顺畅的流程，知道每一步做完，下一步应该做什么，避免出现做完一些任务后茫然不知所往的状况。

日本运动员山本田一正是因为制订出了适合自己的计划，才获得了1984年东京国际马拉松邀请赛的冠军。山本在他的自传中这样总结自己的比赛经验："在每一次比赛之前，我都会将比赛沿途一些比较醒目的标志记录下来。例如，第一个标志是博物馆；第二个标志是银行；第三个标志是一座别具一格的房子……

就这样，当比赛还没有正式开始的时候，我就将这些标志作为征服的目标，每当经过一个目标的时候就会觉得自己又获得了一次巨大的能量。我就在这样不断的征服中轻而易举地跑完了整段路程。”

有效的计划会大大提高工作效率和进程，还可以避免因忙碌而忘记一些重要的事情。对个人来讲，有效实用的计划还可以更快地提高个人的工作能力、管理水平以及发现问题、分析问题、解决问题的能力。

可是，一项抽样调查结果却让人乐观不起来，这项调查结果显示：虽然我们当中95%的人都认为制订规划对工作、学习是有好处的，但可惜的是只有20%的人清楚自己规划的具体内容，并且能清楚地描述出他想要做的每一件事情。而且在这20%的人中只有不到3%的人能够把规划写下来，让它以书面形式呈现出来。经过对这

3%的人的进一步调查，发现无论是从收入还是从取得的其他成就上看，他们都要比那剩下的97%的人高出很多。

由此可见，制订并执行规划不是可有可无的事情，它有助于你整理、安排你的时间，让你的工作更高效。

维克托·米尔克是现代食品公司纽约城推销中心的技术总监，他的工作直接或间接地受到公司5000雇员中3000多人的影响，因此，他总是忙得不可开交。一次，在纽约举行的工作研讨会上，他谈到了对时间管理的看法：

“现在我不再加班工作了。我每周工作50至55个小时的日子已经一去不复返了，也不用把工作带回家做了。我在较少的时间里做完了更多的工作。保守来说，我每天完成与过去同样多的任务后还能节余1个小时。这让我非常满意。这完全得益于我制订并执行了每天的工作规划。

“现在我根据各种事情的重要性安排工作顺序。首先完成第一号事项，然后再去进行第二号事项。过去则不是这样，我那时往往将重要事项延至有空的时候去做。我没有认识到次要的事项竟占用了我的大部分时间。现在我把次要事项放在最后处理，即使这些事情完不成我也不用担忧。我感到非常满意，同时，我能够按时下班而不会心中感到不安。”

很多人在行动之前从不制订任何计划，总是很随意地想干什么就干什么，走一步算一步。

这种无计划的行动，导致了无秩序、无效率，以至于虽然我们整天都是一副忙忙碌碌的样子，但若被人问起都做了什么、取得了什么成绩，可能我们自己都不清楚。

天长日久，忙碌已经成为行动的一种必要的表现形式，如果不忙碌，好像就不是在行动，而对效率、成绩、结果却从不过问。

这就是行动没有计划、不讲究方法造成的。没有计划作为指导，行动者就好比无头苍蝇永远脱离不了压力和繁忙，永远被行动撵着走，最终一事无成。

《礼记·中庸》记有："凡事预则立，不预则废。"意思是说无论有什么样的行动，只要事先做好了安排，有了准备，有了计划，行动才能成功，否则，就会失败。提升执行力，最重要的就是制订计划，而效率也正是从合理的规划中而来的。

有效合理的规划是建立正常的行动秩序、提高行动效率必不可少的步骤之一。它能帮助我们更好地理解工作的目的及工作要求，使我们能自觉地按照规划去进行更好的协作。每个人都应该根据实际情况设定合理目标，制订有效的计划，特别是管理者更有必要这样做。盲人骑瞎马是管理者的悲剧，一定要避免。

计划，是一个人对于自身的了解，是一个人对于事件发展的预判，也是一个人解决问题的蓝图。拥有计划意识，是每一个想要实现理想的人必不可少的素质。

如果你仅仅满足于在头脑中幻想理想的实现，那么你当然不必劳神费心地制订计划、规划蓝图。但是如果你希望把理想变为实现，那么拥有计划意识，制订一个适合自己的计划就是成功路上的关键一步。

有人说"人生是可以策划的"，如果是这样的话，成功同样也是可以策划的。让计划成为行动的先导，这样会使行动力得以提升，目标顺利达成。

时间成本法则：抓住眼前时间最重要

时间成本指的是一定量资金在不同时点上的价值量产差额。准确地说，叫“货币时间价值”。

在其他条件不变的情况下，时间成本的提高，会错失很多机会，同时也会促成很多机会，但是，对成功来说，抓住眼前的时间似乎更为重要。

网上有这样一篇文章，说一个人参加了旅行社组织的一日游活动，游玩中，这个人无意间获知同团的一位女士的旅行费用为78元，她内心不平，因为她的旅行费用是120元，可很快她心里平和起来，因为她又了解到另一个旅友花费了220元。进一步攀谈后，她了解到那位女士是通过网络团购拿到票的，而她是通过街道宣传的渠道参与到这次活动中的，那个花220元的旅友是通过旅行社参与进来的。虽然价格相差一倍有余，但是他们享受到的服务却是完全相同的。

实际上，在这三种价格的背后，代表了三种人的时间价值。对于那位从事证券的旅友来说，通过旅行社参与活动，考虑的就是便利性，价格高低对他来说不是很重要，他看重的是时间成本。而团购者为了寻找低价格，需要付出更多时间去寻找。

华为规定出差员工不准坐公交车，如果火车车程超过6个小时，那就要乘坐飞机，这同样是基于时间成本的考虑。因为经过一番核算后，华为管理层发现员工每天的成本达到1000多元，乘坐较慢的交通工具无疑浪费时间，间接对公司造成损失，因此才有了这样的规定。但是大多数公司员工收入达不到这么高，所以也就没有类似的规定。

时间成本不仅是指时间本身的流失，也是指在等待时间内造成的市场机会的丢失。成功人士都非常珍惜时间，不肯放过能抓到手里的一分一秒，因为他们深深懂得错过了时间，可能也就失去了成功的机遇。

在富兰克林报社前面的商店里，一位犹豫了将近一个小时的男人终于开口向店员问道："这本书多少钱？"

"1美元。"店员回答。

"1美元？"这人又问："能不能少要点？"

"它的价格是1美元。"除此以外，没有别的回答。

这位顾客又看了一会儿，然后问："富兰克林先生在吗？"

"在，"店员回答，"他在印刷室忙着呢。"

"那好，我要见见他。"这个人坚持要见富兰克林。于是，富兰克林被找了出来。

这个人问："富兰克林先生，这本书您能出的最低价格是多少？"

"1美元25美分。"富兰克林不假思索地回答。

"1美元25美分？你的店员刚才还说1美元1本呢！"买书人不解地问道。

"这没错，"富兰克林说，"但是，我情愿倒贴给你1美元也不愿意离开我的工作。"

这位顾客惊异了。他心想，算了，结束这场自己引起的争论吧，他说：“好，这样，你说这本书最少要卖多少钱吧。”

“1美元50美分。”

“又变成1美元50美分了？你刚才不是还说1美元25美分吗？”

“对！”富兰克林冷冷地说，“我现在能出的价钱就是1美元50美分。”

这人默默地把钱放到柜台上，拿起书离开了。

从哲学的角度看，主观努力是内因，机会是外因，外因只有通过内因才能起作用，能否抓住机会，利用好机会，在于个人对时间的掌控，对时间的利用。一个不肯轻易放过时间的人无疑有更多“遭遇”成功的机会。相反，一个随意浪费时间、不重视时间成本的人也多半会与机遇擦肩而过。虽有缘，可惜无分。

有一个医学院毕业的年轻人，在一家知名的大医院实习，幸运的是，他在一位非常有名的外科手术大夫手下实习。年轻人仰慕这位医师已久，他希望自己能在这位专家的指导下学到一些做高难手术的技巧。于是有一天，他问医师："我能看您做手术吗？"

医师看了他一眼，说："可以，明早7点半，我有一个手术。"

年轻人迟疑了一下，因为他通常早上起得比较晚，7点半对他来说有些早，不过他还是对医师点了点头。第二天，他没有按时到手术室，医师做完手术走进办公室，发现他坐在那里。

"你去了哪里？"

"我睡过头了，起来一看，已经晚了。"他回答说。

"下次一定注意。"医师说道。

"好的。"

可是，一连几次，他都没有来，医师再次碰见他的时候，他问医师："您下午有没有手术，如果有，下午我比较方便一些。"

"对不起，我总在早上做手术。我要挑病人最好的状态，早晨刚醒是最好的时间。"

"哦……"

之后，他再也没有出现在医师的手术室里。

机会虽然是无处不在的，但关键是要将其抓住。实际上，我们每一天的生活、工作都会有提供机会的可能：它让你结识他人，也让他人认识你；能让你了解信息、获得友谊、开发人脉资源和发展自己……机会可以无数次地光顾你。机会是属于每一个人的，但是，你若不能及时地抓住它，它就会转瞬即逝。如果没有这个意识，就必然会让更多的机会擦肩而过，所以，我们要激励自己去抓住机会，把每天要做的事尽己所能做好，不浪费每一次机会。

培哥效应：高效记忆，事半功倍

中央电视台的春节联欢晚会上，曾有一段记忆术的表演技惊四座，其精彩与神奇程度竟可媲美魔术，它的表演者来自锦州记忆研究所。整个表演过程是这样的：在舞台中央立一块黑板，写上阿拉伯数字，让观众随便说出一些词句、外语单词、少数民族语言、数字、公式或者人名、地名、诗歌、刚表演过的节目……表演者依数字顺序记下观众说出的每项内容。整个过程中，表演者不看黑板，但他能将它们全部记下。无论观众要求他讲出任意一个数字号码的内容，还是内容的数字号码，他都能迅速地回忆出来，并且倒背如流。

很多人对此目瞪口呆，他们或许认为这是一位拥有特异功能的记忆高手，有着常人可望而不可即的记忆能力。其实不然，这其中并没有什么玄妙的魔力，而是运用了“培哥记忆法”所产生的“培哥效应”。

那么，如此神奇的“培哥记忆法”究竟是一种什么样的东西呢？

其实，“培哥记忆法”就是图像定位记忆法的一种。再通俗点说，就是将需要记忆的材料进行编码，并转化为具体生动的图像，再运用联想法、定桩法等办法来记忆。举个例子，我们可以对自己熟悉的城市名称进行编号。如（1）北京（2）上海（3）广州（4）成都（5）重庆（6）哈尔滨，将这些熟练地记下来，做到一说数字3，立马就能联想到广州；一说5，立马就能联想到重庆。把这些编码在记忆中固定下来，然后通过联想将需要记忆的材料与之相连接。

又比如你需要记住以下几个词（1）电脑（2）水杯（3）灯光（4）手机（5）孩子（6）午餐。此时你就可以将电脑与固定编码（1）的北京联系起来，你可以联想我家的电脑是在北京的中关村买的。记第六个词午餐时，你可以想我在哈尔滨吃了正宗的俄式西餐作为午餐。

运用这种联想编码的简单方法，再抽象、复杂的记忆材料，都能被快速转化为具体生动的图像，从而在短时间内将其记住。培哥记忆法是打开你记忆宝库大门的钥匙，将你眼中神秘莫测的超能力赋予了你。

很久以前有位教书先生，他整日不务正业，总喜欢跑到山上跟庙里的和尚喝酒。每次他临出门时留给学生的作业都一样：背诵圆周率。起初，每个学生都苦不堪言。后来，其中一位聪明的学生想出妙法，他把圆周率的内容与眼前的情境相联系，编了一段顺口溜：山巅一寺一壶酒（3.14159）尔乐苦杀吾（26535）把酒吃（897）酒杀尔（932）杀不死（384）乐尔乐（626）……先生回来检查，发现学生们个个背得滚瓜烂熟。

上述故事中这个学生所运用的记忆方法，正是“培哥记忆法”。“培哥效应”实际上就是通过自创一套记忆编码，形成一个特定的链节，然后通过联想把需要记忆的材料与之结合起来。

一旦我们掌握了这种方法，就可以避免学习中记忆的枯燥单调，使其妙趣横生。当然，完全掌握这种方法不是一朝一夕就能实现的，它需要我们经常加以练习，并尽可能地使自己的联想奇特非同一般。“培哥记忆法”的效率高、复习次数少、维持时间长，记忆效率远远高于传统的记忆方法。在具体实践时，我们还应注意几个方面：

（1）设置固定编码。“培哥记忆”的固定编码有很多种，你可以依照自己的喜好来设定。如，按照自己身体的部位编号，按公交车站点名称编号，等等。总之，你要选择的是你最熟悉的事物作为固定编码的内容。

（2）进行编码联想。例如，在将“水杯”和“上海”进行联想时，如果是“在上海见到一个很好看的水杯”就很普通，很难牢固记忆。而如果想“上海的东方明珠塔看起来像个巨大的水杯”时，自己也会感到很奇特，从而通过这样一对一的联想，记住全部需要记忆的词语。

（3）经常练习。正所谓天道酬勤，凡事要想取得好的效果，都必须经常练习，你练习的次数越多，联想的内容也就越丰富、生动，记忆的效果也就越好。练习并不必拘泥于特定时段，无论是睡前几分钟，还是上学路上，你都可以在脑子里默默练习它的使用。

（4）灵活使用编码。当你逐渐掌握了这种记忆技巧以后，不仅可以用来记忆词语，听别人讲话时也同样可以使用。当你听讲时只需记住少量的重点号码，不需要逐句记忆学习内容，只按顺序仔细记住要点就可以了。先记住重点，再用自己的话去补充叙述，这样在回忆时就很有把握，不至于半途而废，往往会收到更好的学习效果。

使用“培哥记忆术”，不仅能让自己的记忆水平大大提高，而且增加了记忆的趣味。因为在记忆时，有趣的联想会带给我们新鲜的外部刺激，促使我们主动去记忆，它让记忆不再是件枯燥单调的苦差事，而是一项十分有趣的活动了。

最后通牒效应：完成比完美更重要

很多人都有过这样的体验：当手头的工作只剩下几个小时就要上交的时候，你将会以惊人的效率将其完成，这就是最后通牒效应。

人皆有惰性，拖拉其实是一种内在倾向，我们常会有这样的想法：等我稍后准备好再去把这个工作一气呵成；今天比较忙，明天有空一定完成它，等等。事实上，你永远都准备不好，而明天永远都繁忙，所以很多工作就这样被一拖再拖。对于不需要即刻完成的任务，人们总是习惯于等到最后期限到来之前，才拼尽全力去完成，心理学上称之为“最后通牒效应”。

由此可见，能否完成一件事，很多时候其实是自我要求的结果。如果我们能事前制订好合理的目标与计划，设定一个严格的最后期限，就会从一定程度上强化我们完成任务的意志力，以确保按时完成。

19世纪伟大的浪漫主义诗人柯勒律治原本可以取得更辉煌的成就，但他却将本该属于他的荣誉拱手让给了与他同时代的威廉·华兹华斯。

究其原因，柯勒律治的悲剧性缺陷就是拖延，一种病入膏肓的拖延。他对写作或实现承诺的拖延，有时能长达几十年之久。即使是他最负盛名的诗篇，至今仍在英国文学课堂上被广泛学习研究的《忽必烈汗》《克里斯德蓓》等，也都显露出了拖延的痕迹。他的大部分诗篇最终都是以残篇的形式发表的，而往往从他动笔到发表之间，早已横跨20年。虽然《老水手行》是完整的一篇，但也是推迟了5年才付印的。

拖延给柯勒律治带来了恶果。作家莫莉·雷菲布勒在《鸦片的束缚》一书中对柯勒律治有过这样的描述："他的存在变成了一长串连绵不绝的拖延、借口、谎言、人情债、堕落和失败的人生败笔……"

与此同时，严峻的财务问题同样充斥着柯勒律治的生活，尽管他有很多计划周密的财政项目，但真正启动的却很少，更不用说完成。他的健康状况也一塌糊涂，鸦片成瘾吞噬了他的健康，而他整整拖延了10年才去接受治疗。日益逼近的截稿期限所带给他的压力，消解了写作本身的乐趣。他说："一想到我必须加快步伐，写作时最惬意的时光就会戛然而止。"他也因此失去了仅有的几个朋友，婚姻也因他的拖延而告终。

想想看，一位本该拥有伟大成就的诗人，却因拖延而失去了许多成功的机会，与它们失之交臂，甚至还因此失去了财富、健康与幸福，真是让人扼腕。

此外，拖延所带来的危害远不止延误事情的完成期限本身，它还容易引发焦虑和内疚的情绪，给自己造成心理折磨。许多"拖延症患者"有个共同的错误认识，以为自己在重压下会表现得更为出色，其实这不过是自欺欺人。心理学家指出："通常在压力下，人们的表现只会更差。"金庸时常对自己在交稿期限的压力下创作出的作品感到不满。

心理学家认为，人之所以会拖拉，真正原因其实是恐惧。因为只有在面对不想做的事情时我们才会拖拉，这在潜意识里就是一种逃避心理。而驱除恐惧的唯一办法就是迎向它，行动起来，尽早完成任务，才能尽早脱离恐惧。

柯英是美国著名的谈判专家，他曾作为美国某企业的代理，与日本某企业进行过一次谈判。

柯英刚下飞机，日本企业的两名谈判代表就已经在出口处迎接他了。这两个人热情地接过柯英的行李，驾驶着高级轿车把他送到已预定好的旅馆。路上，那两名日本职员彬彬有礼地询问柯英，预定的是哪一天的返程班机，他们好为他安排汽车送机。柯英受到如此礼遇，自然未加多想，便从口袋里取出回程机票给日本人看，那上面写着返程的时间。令柯英万万没有想到的是，他在无意中泄露的行程，却让自己在谈判中陷入了被动的局面。

在柯英抵达日本的前十天里，日本方面每天只是招待他参观游玩各处名胜古迹，而对有关谈判的重要内容却只字不提。直到临近柯英离开的最后两天，他们才正式开始谈判。到了最后一天，双方的谈判才真正进入主题，当谈到最关键的问题时，接柯英前往机场的小轿车已经等在门口了。于是，最后的谈判只好在车内进行，直到柯英临上飞机前，双方才达成最终协议。当然，谈判的结果对美方非常不利，日本人正是巧妙运用了最后期限的技巧，才能大获全胜。

教育家也曾经做过这样一个实验，他们让一个班的小学生阅读一篇课文。实验的第一阶段，没有给学生们规定时间，让他们自由阅读，结果全班平均用时8分钟才读完；第二阶段，规定学生们必须在5分钟内读完，结果他们用了不到5分钟的时间就读完了。这个实验反映了“最后通牒效应”对人的心理促进作用。

习惯于拖延的人，通常很难确定奋斗目标，因为他们经常忙于设定目标，而设定的目标又总是不够明确，或者缺乏时间期限，因此让目标总是处于一种游离状态。比如他们时常会定下类似这样的目标：“今天我得做完一些事”，“我准备在几个月内完成这项工作”。如果以这样的方式来设定目标，目标含糊不清不说，完成的时间也没有明确限制，无疑是在给拖延提供可乘之机。

做事因缺乏意志力而拖延，说白了就是自我放纵，宽恕自己把本该今天完成的事情，留待明天再做。而实际上，在这些拖延中所耗费的时间、精力，已经足以将事情做好。原本当初很轻松就能做好的事，经过拖延的几天、几周之后，就会变得不那么容易完成了，而且其间的心理压力想必人们也大多有所体会。所以，拖延不仅无助于事情完成的质量，而且还会给自己带来负面情绪。

完成比完美更重要，追求完美本无可厚非，并且值得推崇，但也需要掌握好一个度，真正的完美是可望而不可即的，因此所谓完美都是相对的，如果非要做到无可挑剔才肯罢休，那么，必然与成功无缘，并会因此留下莫大的遗憾。所以，不要苛求完美，更不要以“为力求完美我需要准备时间”作为你拖延的借口，永远记得给自己设定一个Deadline（最后期限）。

第二章

职场行为准则——你的价值是你最坚定的靠山

蘑菇定律：新人，欲成蝶先破茧

有一种菌类，生长在潮湿阴暗的角落，没有阳光的照耀，也没有肥料的滋养，生与灭靠的全是它自己，而它只有努力生长，等长到足够高的时候才会被人留意。没错，它就是蘑菇。

有一些人，常常被人置于角落，受不到足够的重视，得不到丰厚的报酬，跑腿打杂的同时，还要接受各种无端的批评指责，甚至代人受过。他们，是初入职场的新人。

后者所经历的这种成长过程与蘑菇的生长过程何其相似，于是

人们将它命名为“蘑菇定律”。蘑菇定律即指初入世者常常被置于阴暗的角落（不受重视的部门、打杂的工作），像蘑菇一样面临着自生自灭，有时还会被人当头浇上一桶大粪（无端的指责、代人受过），他们唯有自强自立，长得足够高、足够大，才能得到人们的关注，而此时他们已经能够独当一面了。蘑菇的成长必然经历这样的过程，人的成长也必然经历同样的过程，这就是我们所说的蘑菇定律，也被称为萌发定律。

任何人的成长都不可能是一帆风顺的，注定会历经苦难，踏过荆棘，你若想拒绝平庸，就必须战胜那些苦难与荆棘，才能突出重围，去拥抱卓越。

刚刚踏入社会的职场新人，常常抱有不切实际的幻想，期望着一份挑战与乐趣并存、薪酬与自由兼顾的工作。而事实上，初涉职场的年轻人经验匮乏、对单位的文化又知之甚少，很难被委以重任。当遇到期望与现实的冲突，很多职场新人就此丧失信心、失去对工作的热情，对待工作开始敷衍了事。

卡莉·费奥瑞娜毕业于斯坦福大学法学院。她毕业后做的第一份工作是在一家地产公司当电话接线员，每天的工作内容就是打字、复印、收发文件、整理文件等杂活。卡莉的父母和亲戚朋友无一对她的工作感到满意，他们认为这些不是一个斯坦福大学的毕业生应该做的事，但卡莉本人却没有丝毫怨言，她继续边努力工作边学习。

一天，公司的经纪人请她帮忙写份文稿，她同意了。而正是这次撰写文稿的机会，改变了她的一生。这位卡莉·费奥瑞娜就是惠普公司的前CEO，也被尊称为世界第一女CEO。

因此，当你加入一个并不满意的公司，或者被分配在某个并不理想的岗位、做着无聊的工作时，你首先要做的是学会适应。改变环境的前提，便是适应环境，而不是坐等环境来适应你。

职场新人应调整心态，老老实实做人，踏踏实实做事，这对于他们走出职业生涯的那段蘑菇期是最基本的。此时最需要做的，就是沉下心来，学会独立思考，独立行事，以及学会承受和忍耐，少说多做。唯有经过一番磨砺，才能站稳脚跟，取得理想成绩。毛毛虫破茧成蝶尚需经过痛苦的挣扎与努力，才能让化为蝴蝶的美梦成真，何况比毛毛虫复杂的人呢?

小说《一地鸡毛》中的主人公小林夫妇都是大学生，他们初入社会时志向高远，就连单位的处长、局长，社会上大小机关的领导都不放在眼里，刚刚工作就锋芒毕露。于是，二人初到单位，因为没能处理好各方面关系，留下了不少“伤疤”，后来的日子因此磕磕绊绊。小林夫妇正是败给了自己的职场第一步。现代职场更是人才辈出，竞争异常激烈，所以刚入职场的年轻人更要懂得做“蘑菇”。

实际上，做“蘑菇”的经历是一笔人生不可多得的财富，可以消除初出茅庐的新人很多不切实际的幻想。年轻人离开校园进入职场，缺乏一定的工作经验和技巧，却不切实际地认为自己理应得到重用，理应获得丰厚的报酬，理应……而一旦得不到重用，被忽视，工资达不到预期目标，就十分恼火，要么大吐怨言，敷衍了事，要么辞职走人。

职场是讲究论功行赏的地方，没有创造高价值，却妄想得到高报酬，必然是不切实际，且无法获得满足的。人贵有自知之明，一切不切实际的幻想，终将被现实无情地击碎。

新人要懂得学习，懂得谦逊，特别要懂得向有经验的同事虚心请教，只有这样才能慢慢融入团队，积累经验。在日常生活中常能见到这样的年轻人，他们自恃才思敏捷、年轻气盛，经常狂妄自傲、目中无人。殊不知，这样的初生“牛犊”往往吃不到更好的“草”，因为没有“老牛”愿意告诉他们“丰美的草”在哪里。

身为新人，礼貌至关重要。有人说礼貌就像旅途中的充气垫子，虽然里面是空的，但就是令人感到很舒适。因此礼貌可以帮助你在新的环境中，更快地建立起良好的人际关系。虽然有礼貌不一定是智慧的标志，但没礼貌一定是愚蠢的标志。

面对“蘑菇经历”，只感到压力和痛苦无济于事。唯有让痛苦升华，把自己的生命能量，转移到更有创造性的地方，才能进入生命的另一重天地。

英国有一位知名女性，在她事业最黯淡的时期，她拿起了笔开始写作，后来成为当今世界最著名的作家之一。她就是J.K.罗琳——享誉世界的系列小说《哈利·波特》的作者。

另一方面，如果一个“蘑菇”的萌发过程过长，就可能成为众人眼中的无能者。所以在职场，也要善于表现自己，才有机会从“蘑菇堆”里脱颖而出，证明你其实是棵“灵芝”。具体到工作中，你要充分利用会议的机会发表意见；主动展示你的成绩；坦然面对变化；敢于冒险；尽量避免承担那些你没有把握的工作；养成及时汇报的习惯，等等。

如果一个人当“蘑菇”的时间太久，就应该对自己和这份工作重新进行审视。世界上没有全能奇才，每个人充其量只能在一两个方面拥有才能。唯有聚集全身的能量，朝着最适合自己的方向，专注地投入、发展，才能成就一个出色的你。不同个性的人只有在最适合他们的岗位，才能发挥出最大的潜能。

那么，怎样才能缩短自己的“蘑菇期”呢？这就需要你在工作和生活中不要目中无人，也不要心高气傲，而应明确自我定位，找到属于自己的道路，持之以恒、坚持不懈地努力，善于表现自己，积极寻找脱颖而出的机会。

罗斯·金曾经说过：“人只有通过工作，才能保证身心的健康；在工作中积极思考，工作才能成为一件愉快的事情。这两者密不可分。”正处在“蘑菇”阶段的年轻人，快沉下心来，用你的智慧和能力在职场证明自己吧！

刺猬法则：亲密有间，情感无间

深冬刺骨的北风吹进洞穴，两只刺猬缩在冰冷的洞穴里瑟瑟发抖。无论它们怎样蜷缩身子，还是感觉不到一丝暖意。就在它们快被冻僵的时候，一只刺猬灵光一闪，向另外一个刺猬提议道："我们为什么不贴紧一点儿呢？这样我们身上的热量就会散发得慢一些，还可以互相取暖。"另一只刺猬欣然同意。

起初，由于它们太急于取暖，彼此靠得太近，身上的尖刺刺痛了对方，只得立即分开。后来，寒冷迫使它们重新进行尝试，慢慢靠近着对方，反反复复地分了聚、聚了分，在寒冷与刺痛中挣扎了许久，才终于找到一个合适的距离。这个距离既能让它们互相取暖，又不会彼此刺伤。这两只刺猬就这样平安地度过了整个严寒的冬天。

这就是"刺猬法则"，也是人际交往中的"心理距离效应"。它旨在告诉人们，与人交往时，过远或过近都可能令对方感到不适，"亲密有间"才是让彼此感觉最舒服的距离，并能最大限度地避免彼此受到伤害。卡耐基曾说："最亲密的友谊和最强烈的憎恨，都源自过于亲近的关系。"

多少好得一塌糊涂的朋友，多少如胶似漆的恋人，多少好得像穿一条裤子似的创业合伙人，最后却各奔东西，甚至反目成仇。一旦两个人之间没有了距离，不再分你我，恩惠就变成了恩宠，慷慨相赠变成了理所应当，曾经爱得多深，最后就伤得多深。

老子说："大曰逝，逝曰远，远曰返。"如果一直任由感情升温，感情一定会慢慢消退，这是宇宙的根本规律。

距离是美的缔造者，过短的距离让彼此锋芒相撞，相守时厌倦不已；而适当的距离则让彼此充满期待，分别时一日三秋。所以合适的距离是一种默契，让亲密关系得以维持，双方的相处才能更加愉快。社交就像跳舞，你进一步，他退一步；他进一步，你退一步，互动并循环，舞步才更加曼妙。

职场是一个充满竞争的地方，同事之间的关系就是一场人际关系的磨炼。在职场中，我们也像刺猬一样，希望靠近同类，以获取温暖和帮助；可距离缩小，又感到胁迫和压力。同事之间或多或少存在着利益冲突，假如走得太近，让对方详尽知晓你的底细，包括你的缺点，甚至隐私，那些很可能会在某一天成为拿捏在对方手中的把柄，于是我们在爱里失去了他们，又失去了自己，在痛苦里失去了善良，又失去了世界，此时你才会明白，距离原来是爱的翅膀。

一个女孩刚进入新公司，周围都是陌生的同事，没有人主动跟她说话，更没有人寻问她是否需要帮助。她在工作上遇到困难，只好去请教她的主管。主管的工作很忙，有时不免对她敷衍回应。主管的女助手见女孩性格温柔，工作态度好，于是经常主动帮助她。

两人越走越近，经常一起工作，一起吃饭。女助手耐心详细地告诉女孩新人应该注意的各项问题，毫无保留地传授她工作经验，连自己的文件都和她分享，将自己完完全全地向女孩敞开。让女助手意想不到的是，女孩在把工作流程、要点以及工作技巧全都学到手后，竟开始有意地疏远她。

随着女孩业务的娴熟，再加上其在主管面前多次的毛遂自荐，她竟成功排挤走曾经倾力帮助她的女助手，成功上位，取代了女助手的位置。

与客户的交往也是职场中不可避免的人际关系，需要注意的是，与客户的私下交往不仅要顺其自然，更要保持客观与独立。过多投入感情很容易让人失去客观立场，因此而受制于关系，导致工作中出现你不知如何开口，他不知如何拒绝的尴尬局面。同时，过于亲密的私交还会对双方在生意场上的可信度有所影响。双方的老板、同事或多或少都会怀疑你们在交易中将公司利益做了牺牲。

此外，对于管理者而言，为了确保工作的顺利进行，与下属保持亲密关系是很有必要的，但应做到“亲密有间”，维持不远不近的合作关系。这种心理距离，不仅可以让下属免于紧张与防备，从而减少奉承、送礼这些职场陋习；同时也能避免与下属称兄道弟、吃喝不分。这样做既可以得到下属的尊重，又能保证在工作中不丧失原则。一个优秀的领导者，应做到“疏者密之，密者疏之”。

通用电气公司的前任总裁斯通在工作中奉行的正是“刺猬理论”，对待中高层管理者更是如此。在待遇问题上，斯通从不吝啬对管理者们的优待；在工作场合，他也从不吝啬对管理者的关爱。但在工作之余，他从不邀请管理人员来家做客，也从不接受他们的邀请。正是这种保持适度距离的管理，使通用公司的各项业务得以稳步提升。

与员工保持适当的距离，既不会让你显得高高在上，也不会让你与员工混淆彼此身份。这是管理的一种最佳状态。距离的保持依靠一定的原则来维持，这个原则对所有人一视同仁：约束领导者本人的同时，也约束着每一个员工。掌握了这个原则，也就掌握了成功管理的秘诀。

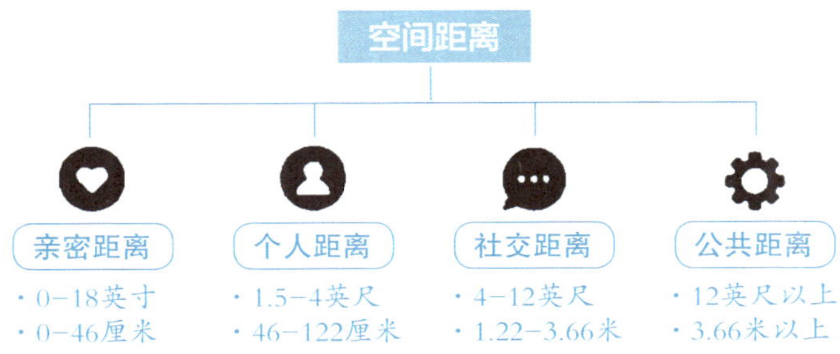

世界上没有两片相同的树叶，自然也不会有两个完全相同的人。无论朋友、同事，还是家人，彼此之间一定存在着个体差异，这种差异或是表现在教育程度上，或是表现在工作能力上，或是表现在为人处世上，总之差异一定是客观存在的。一旦双方的关系逾越了某种距离，这些差异就开始发生作用。渐渐地，双方的分歧和矛盾就会越来越多，不断加深的隔阂必然会影响到他们的关系，裂痕一旦产生就很难弥补，终有一天会导致感情支离破碎。

古语所言“逢人且说三分话，未可全抛一片心”是很有现实意义的，把自己的秘密毫无保留地交给对方，你怎么就敢保证它们不会反过来变成对方伤害你的利器？

人际关系的距离也大有学问，有心理学家针对人际关系中的亲疏程度做了一项调查，并得出以下结论：男性之间一般较为疏远；女性之间喜欢保持亲密距离；异性之间，刨除暧昧的因素，一般较为疏远；孤僻之人多与人保持疏远距离；外向之人多与人保持亲密距离。

上述这些结论，或许可以用于审视人际关系的距离恰当与否。当然，这也只是泛泛之谈，具体到运用中还要结合实际情况，才能做出更为准确的判断。

总之，每一个人都需要一个自己可以把握的自我空间，一旦这个自我空间被侵犯，人就会感到不舒服、不安全，甚至有些恼怒。此外，在人际关系中，相互信任的重要性毋庸置疑，但也需要把握好度，不可对谁都推心置腹，应保持一种让彼此都舒服的安全距离，古人云“君子之交淡如水”，只有“有间”的亲密，才能滋养“无间”的情感。

温水煮蛙效应：生于忧患，死于安乐

美国康奈尔大学的科学家们曾做过一个有趣的实验：他们把一只青蛙投入盛满沸水的铁锅里，结果那只青蛙立即触电般地跳了出来。接着科学家又把它投入盛着凉水的锅里，小火将其慢慢地加热。当水温升至70~80摄氏度时，青蛙虽然对水温的渐变略微有所察觉，却没有往外跳，它看上去若无其事。随着水温的升高，那只青蛙愈来愈虚弱，竟然在不知不觉中被煮熟了。

科学家经过分析认为，这只青蛙之所以能在第一次“逃离险境”，是因为它感受到沸水的强烈刺激，于是尽全力跳了出来。而第二次由于没有感觉到强烈刺激，这只青蛙便失去了防备，没有了危机意识。舒适的水温让它可以自由游动，然而当它感觉到危机到来时，一切为时已晚，它已经没有能力再从水中逃脱了。

故事中“生于忧患而死于安乐”的那只青蛙，如果能在水温刚热时立刻跳出来，也就不会在麻木中死亡。人们从这个实验中总结出了著名的“青蛙效应”。

一个人如果失却了忧患意识，也会像被水煮的青蛙一样，在麻木中失去自我，以致消亡。有职场专家曾做过相关研究，当一个人在同一岗位工作了五年以上，类似的“温水煮青蛙效应”就会出现：周围的环境和同事都非常熟悉，工作也基本没有了太多挑战，说是安逸稳定也好，说是止步不前也罢，眼前的工作难度似乎不高，但谁又知道这样的环境会不会消磨了人的斗志，从而把人引向迷茫的未来呢？

漫漫职场路，谁不希望自己能一帆风顺，绕开忧患与危机。但换言之，遇到忧患与危机未必是件坏事，它往往能激发我们的潜能，让我们看到自己非凡的意志。与其在平淡中碌碌无为，不如在压力中过一种更有创造力的生活。

一个人或是一个公司，如果陶醉在现有的“卓越”中，那么接下来的路就只会是下坡路。

可口可乐公司是世界软饮料行业中最卓越的公司。可口可乐的CEO曾向高层主管们提出了这样几个问题：

“全世界44亿人口，每人每天平均消耗的液体饮料是多少？”

“64盎司。”（1盎司约为31克）

“那么，每人每天消费的可口可乐又有多少呢？”

“不足2盎司。”

“那么，在人们的肚子里，我们的市场份额是多少？”

该CEO提出的这一系列问题旨在说明公司或个人都应该时刻充满危机感，今天的成功并不代表着明天的成功。未来不可预测，没有人永远交好运。正因为如此，你必须保持危机意识，设定远大的目标，才能在心理和实际应用上有所准备，在真正的危机到来时，做到临危不乱。或许这种意识并不能让问题消弭，却可把危害降到最低，以最大限度地保全自己。

对一个人而言，突然而至的危机远不及缓慢渐进的危机可怕。因为突然而至的危机可以激发人自身全部的潜能，以迅速地做出反应来应对危机；而缓慢渐进的危机往往无法使人有所察觉，甚至到了最危险的边缘依然毫无反应。

今天，我们身处快节奏、多变幻的职场，更要懂得居安思危。著名的“35岁危机论”就描述了这样一个现象：很多人走到35岁——这个人生旅程近半的路标时，会对从前现在及未来感到困惑——为什么多年来我一事无成？未来的岁月我能做些什么？而当真正的机遇出现在这些中年人面前时，心理的局限和家庭的压力又让他们不敢贸然下定决心改变。

人生是经历的累积，从前的经历无疑是笔宝贵的财富，但它并不能帮你在职场上永操胜券。一劳永逸的期待，可能会把你推入危险的温水锅。

任何一份工作，都存在让人喜欢的部分，也存在让人不喜欢的部分。客观地说，并不是所有的温水都一定会被煮开。检视自己的工作环境，看其是否是一口危险的温水锅，不妨从以下几方面入手：

1.专业技能

工作中所涉及专业技能的内容多不多，是否有新鲜的内容需要你与时俱进、充实自己？

2.所处行业

所处行业是否是朝阳产业，所处部门是否是核心部门？如果不是，这些将导致第一条所说专业技能的退化。

3.职位待遇

多年来，你的职位待遇有没有明显的变化？付出和所得是否成正比？设想一下，五年、十年后的境况又会是怎样？

4.人际关系

你通过这份工作建立的人际关系网是不是已经维持多年，而当中要好的却只有那么两三个？

每个人的价值取向、性格脾气、家庭情况都不尽相同，下定决心彻底改变固然需要勇气，但若能在现实的基础上调整自己、适应环境也不失为拥有极大的智慧。归根结底，最可怕的事并不是身处温水之中，而是身在其中却不自知，浑浑噩噩度日还心安理得。只要能时刻保有自省的意识和清醒的头脑，即使身处温水，也不一定就是世界末日。

没有什么是一成不变的，大环境往往决定着我们的成功与失败。而大环境的改变有时又是看不到的，我们必须时刻警惕，多学习，多警醒，并以包容的态度迎接改变，才不至于无所适从。太舒适的环境也许正潜藏危险；太习惯的生活方式也许正涌动危机。只有不断创新，打破旧有模式，并相信任何事都有值得改善的地方，才能不被淘汰。

永远居安思危，给自己设定好一个远大的、需要不断追求的目标，切不要让“小忍”乱了“大谋”。

秩序法则：简洁就是速度，条理就是效率

“一个习惯于把文件往办公桌上胡乱一扔的人，如果能把鸡窝一样的办公桌整理好，将重要的文件放在最顺手的地方，那么，他就会惊喜地发现自己的工作竟然也能如此条理清晰、有序高效。有序处理文件的能力是提高工作效率的重要保证。”芝加哥西北铁路公司前任总裁罗兰·威廉姆斯这样提醒人们。

诗人赫普也曾经说过：“井然有序是世界上最重要的黄金法则！”这句话被刻在了华盛顿美国国会图书馆的天花板上。

“井井有条地工作”应该成为每一个工商界人士最值得遵守的原则。然而，人非圣贤，在现实生活中，人们很难做到这一点。如山的文件堆积在工作人员的桌子上，有的甚至已经好几个月没有处理。更有甚者，新奥尔良某报社社长的助理在整理办公桌时，发现了一份两年前在社长手里“丢失”的文件。一看到混乱的办公桌，人们难免心生烦躁。如果这时你去整理，就会愈加烦躁。“眼前千头万绪，但我根本就无暇顾及，等着我解决的问题摆满了办公桌”，这些问题时时都在压迫着你的大脑，让你焦躁不安，并时刻会诱发高血压、心脏病、胃溃疡等疾病。

有一篇关于《功能性神经衰弱——常见的机体并发症》的论文，作者是宾夕法尼亚大学研究生院药学部教授约翰·H·斯多克斯博士，它被提交给美国医学会。论文中列举了11种导致人脑功能性神经衰弱的原因，其中第一种就是来自紧张迫切的压力，过多的问题让大脑得不到休息。

但是，这一问题却能用及时收拾办公桌这样简单的办法解决，随之得到缓解的还有沉重的心理压力，这是为什么呢？芝加哥某大公司的一个经理曾患上严重的歇斯底里症，著名的精神病学家威廉·萨德勒就是用这种方法最终治好了他。

在刚开始接受治疗时，这个经理情绪非常糟糕，像一只热锅上的蚂蚁。他知道自己已接近歇斯底里，但有些问题又不得不去解决，逼迫他夜以继日地去工作。他迫于无奈才来求助萨德勒医生。医生叙述为他诊治的过程时说：

当我倾听这位经理描述病情时，电话铃声打断了我们的谈话。请他稍等之后，我接起电话与医院的人交谈。我只用了几分钟就把事情谈完了，因为我做事从不耽搁，在问题刚一出现时就立刻解决它。我刚处理完医院的事务，又一个电话打进来。这次用时比较长，因为问题较为复杂。紧接着，一位同事因他的病人病情有所反复，来和我商量治疗的办法。等他走后，我才腾出空闲接着和这位经理谈他的问题。

因为让这位经理等了太久，我先说了句“对不起”，“大夫，没关系的。”这位经理非但没生气反而高兴异常，气色也比刚来时好了很多，他说：“我刚到这儿的时候，简直觉得自己患了不治之症，但现在，我感到自己的健康还在。明天我就去公司，一定记得在办公室树立一个良好的工作习惯。但是，在我离开这儿以前，请允许我看看您的办公桌。”

在那次心理治疗之后，我去了这位经理任职的公司。他向我展示了他办公桌的抽屉，并对我说：“大夫，过去我用大部分时间来对付数不清的文件，问题似乎总也解决不完。那天看了您的办公桌，我感悟颇深，不能让旧文件影响到我的工作。现在，我的办公室只需要一张桌子，不管发生什么事，我都能应对自如。我比过去的任何时候都更感到轻松，不再情绪紧张、忧心忡忡了。”

秩序性会让你更轻松、快捷地处理工作，同时也能使你工作起来更有头绪。生活中，我们都存在物品或心理上的杂乱，它也许在你的房间里，也许在你的办公桌上，或者在你的思想中，让我们总感觉有很多事情要做，但又有一种无力感。

新泽西州的一位报纸发行负责人说，有一天秘书帮他清理了一下办公桌，结果发现了一台找了好久都没有找着的订书器。如果办公桌上堆满了东西，很容易让人产生混乱和无所适从的感觉。正如上面所说，更糟糕的是，它会让你觉得自己还有很多事情要做，而且永远也做不完，但就是不知道从何做起。

能根据事情的轻重缓急来安排工作顺序也是一种有秩序性的表现。在每天的工作中，有些人做起事来有条不紊，工作效率很高；而有些人却忙得晕头转向，工作效率很低。究其原因，并不是他的工作量比别人大，而是他不知道自己到底有多少工作，该先做什么。由此可见，要提高效率，就要先安排好工作的秩序。

亨利·杜拉提是全美最大的市政公司的创始人，其分公司遍及全美各地。他说，不管他出多么高的工资，也找不到一个具有两种能力的人。这两种能力就是：会思考和分得清事情的轻重缓急。

默默无闻的查理·卢西曼经过12年的努力，成了一家大公司的总经理，年收入过百万。在分析自己成功的原因时，他认为自己具备了杜拉提所说的那两种能力，即会思考和分得清事情的轻重缓急。

卢西曼从他的记忆所能想起的时候起，就每天清晨五点钟起床，然后开始计划当天要做的事，因为他认为每天那个时候是他头脑最清楚的时候，他要趁那个时候把当天的工作都按重要程度安排好。

长期的工作经验告诉我们，没有人能始终按照事情的轻重程度去办事。同时经验还告诉我们，按部就班地做事，肯定要比想到哪里就做什么要好得多。所以，要想提高你做事的效率，学会秩序性是你首先应该要做的。

路径依赖法则：选好“第一份工作”

美国铁路两条铁轨之间的标准距离为4英尺8.5英寸，乍一看这个标准似乎很奇怪，那么它究竟是从何而来的呢？其实这原本是英国的铁路标准，而美国的铁路起初是由英国人建造的。那么英国人为什么以此为标准呢？原来，英国的铁路是由建电车轨道的人设计的，而4英尺8.5英寸正是电车所使用的标准。而电车的铁轨标准又是从何而来的呢？原来最先造电车的人从前是造马车的，马车的轮宽是4英尺8.5英寸，于是这个标准被沿用了下去。

那么为什么马车固定为这个轮距标准呢？因为如果那时候的马车轮距为任何其他数值的话，马车的轮子很快就会在英国的凹陷的路辙上撞坏。因为这些路的辙迹宽度为4英尺8.5英寸。

这些辙迹又从何而来的呢？这是由古罗马人定下的，因为在包括英国在内的欧洲国家，长途老路都是由罗马人为他们的军队所铺就，4英尺8.5英寸正是罗马战车的宽度。如果任何人用不同的轮距宽在这些路上行车的话，轮子的寿命都将缩短。

那么，罗马人又为什么会以4英尺8.5英寸作为战车的轮距宽度呢？原因很简单，因为这是拉战车的两匹马屁股的宽度。

故事到此并没有完结，如果你下次在电视上看到美国航天飞机立在发射台上的雄姿时注意观察，会发现它的燃料箱两旁有两个火箭推进器，这些推进器是由一家公司设立在犹他州的工厂所提供的。如果可能的话，这家公司的工程师希望把这些推进器造得宽大一些，这样容量也就大一些，但是他们没有，为什么呢？因为这些推进器造好之后是要用火车从工厂运送至发射点，路上要通过一些隧道，而这些隧道的宽度只比火车轨道宽了一点，我们不要忘记火车轨道的宽度是由马屁股的宽度所决定的。

我们可以因此断言：今天世界上最先进的运输系统是由两千年前两匹马的屁股宽度所决定的。这就是路径依赖，它看起来有几许悖谬与幽默，但却是不争的事实。

道格拉斯·诺斯认为“路径依赖”类似于物理学中的惯性，事物一旦进入某一路径，就可能对这种路径产生依赖——原因在于，经济生活与物理世界一样，存在着报酬递增和自我强化的机制，一旦人们做出某种选择，就如同走上了一条不归路，惯性的力量会使这种选择不断自我强化，并使人无法轻易走出。

对于“路径依赖”的研究，让诺斯获得了1993年的诺贝尔经济学奖，该法则也从此声名大噪，人们将它广泛应用于阐释生活中各种选择性决策，大至国家的制度演进，小到个人的消费决策，无不受到“路径依赖法则”的影响，甚至可以说，我们过去做出的选择决定了现在可能的选择，现在的选择又可能决定着未来的选择。

职业生涯同样无法摆脱这种路径依赖。职场的“路径依赖法则”，指人们的求职过程中，一旦选择了某个职业，就会对这个职业产生一定依赖，无论是好是坏，都会对自己将来的职业发展产生影响。即使我们并不满意这个选择，也很难从惯性中抽身而出。

在影响一个人职业发展的诸多因素中，第一份工作无疑是最重要的。曾有专家就此做过形象的比喻：职业发展好比穿衣服，若是扣错第一颗扣子（选错第一份工作），就可能一路错下去。

对于第一份工作的选择无非有两种情况：一种是成功地选择了适于自身发展的起点，通过自我强化越来越好，这无疑会吸引人们毫不犹豫地走下去；另一种是失败地选择了并不适合自己的工作。后者在职场上是十分普遍的。

当我们已经习惯了某种工作状态以及职业环境，就会产生某种依赖性。若是重新做出选择，将丧失许多既得利益，甚至大伤元气，从此一蹶不振。对于重新选择过程中存在的不确定性因素的恐惧，也是职场路径依赖的成因之一。

因此，选择好首份工作是至关重要的。职业规划专家最常给出的建议是，第一份工作一定要兼顾自己的兴趣、个性和能力，为自己制订一个挑战与现实并存的职业生涯规划，按照规划一步步努力走下去。唯有如此，才能带动“路径依赖法则”的正反馈作用，形成正循环。

但如果开始的选择就已经错了，随着工作的深入发觉自己入错了行，再一味地盲目执着，只会更加一败涂地。抛弃固有路径固然需要极大的勇气，需要付出极大的代价，但长远看来，及时止损才是真正的明智之举。所以，若你在一个行业长期没有什么进展的话，打破“路径依赖”是你唯一的选择。

选择即意味着有两个或两个以上的备选答案，依照游戏规则，顾此失彼，选择就意味着放弃一部分利益和机会，任何选择都是有代价的，但选择同时又是不可避免的。当然，需要我们选择的都是不确定的问题，如果能够肯定地知道结果，并清楚怎样做才是最好的，那也就不存在选择的问题，直接执行就好了。所以，既然选择是不确定的，而且选择了就会有所失去，那么一旦做出决定，就要坚定地执行下去，踯躅不前只会错失良机。

工作成瘾综合征："工作狂"是种心理疾病

曾几何时，"工作狂"被作为一个褒义词，成为包括中国、日本等国家在内的东亚国家所倡导学习、模仿的榜样。然而，随着心理学研究的深入，"工作狂"被认定为一种心理疾病，不仅不应被提倡，反倒应接受相应的心理治疗。

从心理学角度来说，"工作狂"被称为工作成瘾综合征（SBTHK），学名叫病理性强迫工作（SBYYX），简称工瘾症。

美国心理学家斯宾塞教授指出，"工作狂"属心理变态，这种心理疾病在各单位的低、中级管理人员中尤为常见。

工瘾症的病理机制和毒瘾相同：人体内有一个"奖励系统"，这个系统的物质基础名为"脑啡肽"，是一种神经递质，能在短时间内让人高度兴奋。白领们不断寻找提高体内"脑啡肽"的成分，以至成瘾。

这个"病理性强迫工作"的概念，最早是在1997年由日本松本教授提出的。他认为，"工作狂"是一种对工作的过度依赖，脑啡肽分泌的病态快感，会对人产生极大的负面影响。

当然，并不是每个热情投入工作的人都是"工作狂"，他们热爱自己的工作，从工作中能够获得巨大的成就感；而"工作狂"本身并不热爱自己的工作，也很难从中得到快乐，工作只是他们通过拼命加班，获得心理快感的工具。

一个真正热爱工作的人会把工作当作一种快乐，即使出现失误也不会感到焦虑，而是会积极想办法解决问题、获得新技能，他们把工作当作自己的一项兴趣爱好，而且通常很善于协调团队之间的关系。

而一个工瘾症患者绝对不会这么阳光。他们常常强迫自己在工作中吹毛求疵，竭力追求完美，一旦出现问题，便会陷入羞愧、自责等负面情绪当中，同时又拒绝他人的帮助。

那么，我们该如何走出工作狂的阴影呢？专家对此给出了一些建议，首先应该学习一项重要的技能，那就是“偷懒”！试着去欣赏生活中那些美好的瞬间，偶尔放下工作，望一望窗外的夕阳，或是欣赏一下被雾霾装点成山水画的世界。其次，重新认识自己的工作动机。很多“工作狂”的出发点都是强烈的事业心或对家庭的责任感。但如果因为工作丢了生活的快乐，那还有什么意义呢？

工作不是寻找认同感的唯一渠道，应该试着减轻自己的工作压力。列一张工作日程表，分清哪些可以彻底放弃，哪些可以暂时放弃，哪些可以和别人一起完成，不要把所有问题都自己扛。

此外，也应该有意识地丰富自己工作之外的生活，例如培养一些与工作无关的爱好。

工瘾症患者，一定不要被进取心包裹的“工作狂”蒙骗了自己，它带来的很可能是抑郁、身体不适等严重后果。

第三章

管理学原理——左手制度力，右手执行力

二八定律：把注意力放在20%的关键事情上

二八定律又名帕累托定律，也叫巴莱特定律、最省力法则、不平衡原则等，于19世纪末20世纪初由意大利经济学家维弗雷多·帕累托提出。他认为，任何一组东西中，最重要的只占其中一小部分，约为20%，其余80%尽管是多数，但却是次要的。

帕累托曾对意大利地主阶层的财富分配进行了一次意义重大的观察，他发现大部分的财富流向了少数人那里，更准确地说是80%的财富只掌握在20%的人手中。他进一步发现，这种比例关系不仅

仅存在于财富领域，在其他领域同样存在。他在照料菜园时忽然意识到，80%的可食用蔬菜只来自约20%的品种。于是，他便把更多的时间和精力集中于照顾那些高产的植物上，因而他菜园的蔬菜产量得以大幅度提高。

在这个意识的基础上，帕累托总结出了著名的帕累托定律，即二八定律，定律的内容是：你80%的成就来自你20%的行为。

这个定律表明：你收入的80%来自你工作的20%；你80%的工作都是在20%的时间里完成的；20%的人支配80%的人；企业80%的利润来自20%的客户……虽然这个比例不是十分准确，但是原理却是一样的。

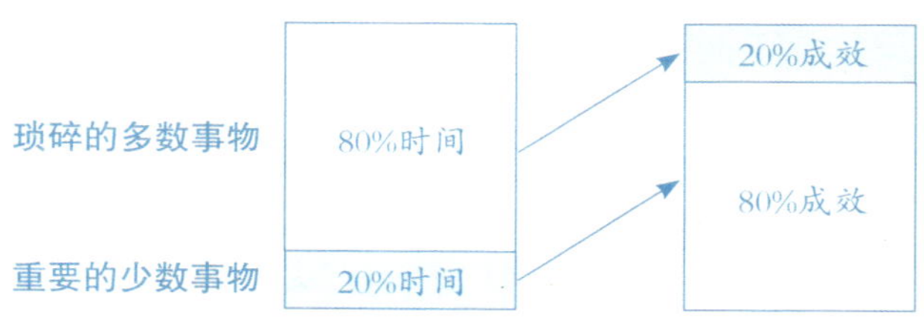

这个定律的重要性在于，它告诉我们：不需要付出更多的劳动，只要把那些原本用在低产量事物上的精力转移到高产量的事物上，事情就会有更好的效果。这个定律让你更聪明地工作。

时间也遵循二八定律，它告诉你：你80%的工作是你在20%的时间里完成的，反过来说，你只要用20%的时间就可以完成80%的工作，这就告诉我们如何更高效地将时间利用好。在生活和工作中，我们80%的时间都用在了处理琐碎的多数事物上，却只取得了20%的成效；20%的时间用在了处理重要的少数事物上，却取得了80%的成效。

了解了这个现象后，我们就要设法改变自己，不要让自己滞留在那些浪费时间的事情中，要有所取舍，以更好地利用时间，做出更多的成就。假如你面对的工作超出了你的时间和精力范围，有几十个项目需要你去做，可是时间只允许你去操作小部分，那么，这个时候，你就可以试着找出这几十个项目里面贡献率最小的80%，然后毅然将这80%淘汰掉，保留剩下的20%，集中大部分精力和时间去做。这样，问题就得到了很好的解决。

要注意，实际的比值并没有多大的关系，重要的是概念，也就是你要知道一些工作会比另一些工作带来更大的回报。这才是问题的关键。

二八定律是时间的过滤器，不仅能帮助个人或企业在最短时间内获得更大利益，让每个人的生活更有效率，还在企业管理学中发挥着巨大的作用。

假如20%的人喝掉70%的啤酒，那么这20%的人应该是啤酒制造商注意的对象。应尽可能争取这20%的人的购买行为，最好能进一步增加他们的啤酒购买量。啤酒制造商出于实际理由，可能会忽视其余80%喝啤酒的人，因为他们的消费份额只占30%。

同样的，当一家公司发现自己80%的利润仅来自20%的客户时，就该努力让那20%的客户愿意扩展与其之间的合作。这样做，不但比把注意力平均分散给全部顾客更容易，也更加值得。再者，如果公司发现80%的利润自于他们20%的产品，那么就应该全力销售那些高利润的产品。

不同于线性思维，我们应该系统并谨慎地使用这个定律，因为线性思维会导致对这个定律的误解，也可能会导致其滥用。“不要轻易认定某一变量是关键的原因，每个人都会关注……这就是线性思维。80/20分析法赋予的最有价值的洞察力即为检验其他人忽视的非线性关系。”

1998年，梅格·惠特曼出任eBay（易趣网）公司CEO的第五个星期，主持召开了一个为期两天的会议，重点讨论收缩销售战线的问题，并对用户数据再次进行检查。

如果你了解易趣网每个卖家的交易量，就能很轻松地列出双栏表格。第一栏按照递减顺序，也就是按交易量由大到小将客户排列下来。第二栏则依照累积交易量进行排序。在第二栏中，我们可以看到累计销售额占易趣网总销售额的80%，我们可以从中看到易趣网销售的集中程度。

惠特曼和她的团队经过两天的整理排序，发现易趣网20%的用户占据了他们总销售额的80%。这个发现提醒了惠特曼，针对这20%用户所做出的决策对于公司的发展和收益至为重要。

易趣网的管理者通过追踪这20%核心用户的身份发现，他们大多都是收藏家。因此，惠特曼等人决定，他们将不再像其他网站那样，通过大众媒体平台的广告来吸引客户，而是着力于收藏家们更普遍关注的玩偶收藏家、玛丽·贝思的无檐小便帽世界等专业收藏媒体，以及在收藏家交易展上加大宣传力度。这一决策成为后来易趣网取得成功的关键。

将注意力集中于核心用户，直接促成了易趣网大销售商计划的诞生。长期以来，在生产观念及产品观念的影响下，企业营销人员往往只注重产品或服务的销售，通常把营销的重点集中于争夺新顾客上。其实，比之新顾客而言，老顾客会给企业带来更多的利益，精明的企业会在努力创造新顾客的同时，想办法将老顾客的满意度转化为持久的忠诚度。企业像对待新顾客那样重视老顾客的利益，把与顾客建立长期关系作为目标。

如果对全局没有一个全面的了解，那些琐碎、无用的事情就会占据你的时间和精力，对二八法则的运用更是无从谈起。所以当务之急是要对公司进行一次全面分析，详细检查每一处细微环节，理出那些能够为公司带来利润的部分，制订出一套利于公司发展的整体策略。

在企业经营中，通常是由少数人创造出了多数的价值，获利占公司总利润80%的项目只占全部项目的20%。

因此，无论是企业经营也好，个人的时间管理也罢，都应把时间放在那关键的20%上，以避免泛泛地做些无用功。

犯人船理论：制度比人治更有效

制度与人治在管理中孰轻孰重？是制度比人治更有效，还是人治比制度更管用？问题的答案从下面这个事例中或许可见一斑。

18世纪80年代开始，为了开发大洋洲，英国政府决定将已判刑的囚犯运往大洋洲，这样既解决了英国监狱人满为患的问题，同时，又给大洋洲送去了丰富的劳动力。

运送犯人的工作承包给了一些私人船主。一开始，英国政府以装船的犯人个数来支付船主费用。船主们为了牟取暴利，用破旧的改装货船运送囚犯。船上设施简陋不堪，卫生条件极差，犯人死亡率非常高。一旦船只离开了岸，船主按照人头数拿到了政府的钱，对于这些犯人能否活着到达大洋洲就不管不问了。

英国历史学家查理·巴特森在其所著《犯人船》一书中记载：1790年到1792年间，私人船主运送犯人到澳洲的26艘船共载运过4082名犯人，死亡498人，平均死亡率为12%，其中一艘名为“海神号”的船，运送的424个犯人死了158个，死亡率达37%。这么高的死亡率，不仅在经济上造成巨大损失，道义上也引起了社会各界人士的强烈谴责。英国政府在这个问题上纠结了多年，想了很多解决的办法。

最初，英国政府往每艘船上派一名监督官员和一名医生，同时还对犯人在船上的生活标准做了硬性规定。但是，犯人的死亡率不仅没有降下来，有的监督官员和随船医生也不明不白地死了。原来一些船主因贪图暴利而贿赂官员和医生，一些坚持正义的官员、医生不肯就范，便被扔到大海里喂鱼去了。

然后，政府不得不采取新的办法，把船主们都召集起来开会，告诫他们要爱惜他人生命，要理解政府运送犯人到大洋洲开发是为了国家的长远大计，但情况没有任何好转，犯人死亡率仍然居高不下。

这时候，一位议员看出了漏洞，他说："私人船主钻了制度的空子，而现在制度的缺陷是政府给予报酬是以上船囚犯人数来计算的，而不是以到岸囚犯人数来计算。应当改变付费制度。不管在英国上船多少人，到大洋洲上岸的时候再清点人数，然后以到岸囚犯人数支付报酬。"

按到岸人数付费制度执行后，效果马上变好。船主们主动请医生跟船，在船上准备药品，改善随船犯人的生活，尽可能地让每一个上船的犯人活着抵达澳洲。改变付费方法后，三艘船到达大洋洲，所载运的422个犯人中，只有1人死于途中。

此后，制度进一步完善，政府按到达大洋洲的犯人数及其健康状况支付费用，情况好的甚至还给予奖励，情况进一步好转。

对于唯利是图的私人船主，政府的硬性规定、强力监督和道德说教都不灵光，但是改变了一下付费制度，执行情况就截然不同了。新的制度既顺应了船主们牟利的需求，也实现了政府最大限度地保护犯人安全的目的。

这就是制度的作用。所谓制度，就是为了约束人们的行为而制定的种种规矩。有句古话说"没有规矩，不成方圆"，制度在维持家庭、企业乃至社会的秩序方面都起着重要的作用。

一座城市北面是一个大水库。此地山清水秀，环境优雅。每年的游泳季节这里都会迎来大批的游泳爱好者。水库是这里居民生活用水的重要来源，理应禁止游泳，相关部门三令五申不准在此地游泳，但是屡禁不止，人们不受影响一如既往来此游泳。

后来，情况出现很大的变化，来此游泳的人越来越少，最后就没有人来了。导致变化产生的原因仅仅是自来水公司改了一下标语牌，把“禁止游泳”改为“你和你的家人喝的自来水就来自这里”。

由此可见，执行受制度的影响巨大。制度的改变，往往带来执行的巨大变化。由此，要想获得良好的执行效果，制度一定要“因地制宜”。

另外，在制度适宜的基础上，要想执行的效果良好，一定要坚决维护制度的权威性。只有这样，才能让执行落到实处，获得好的结果。

制度与执行二者相互联系、相互作用、相互制约，你中有我，我中有你。当二者达到和谐统一时，就会产生极大的推动力；当二者相矛盾、相抵触时，就会产生极大的阻力。在工作过程中，领导者就要处理好二者的关系，以求达到和谐统一，产生高效执行力。

一个制度的产生往往会给机构或者社会带来不可估量的影响。虽然“犯人船”设立之初是对犯人和偷奸耍滑的私人船主的管束，但最终，每一个守规矩的人，才是制度最大的受益者。

著名经济学家梁小民曾经指出，制度并不是改变人的利己本性，而是利用这种无法改变的利己心，引导他们去做有利于组织的事。制度的设计应顺从人的本性，而非力图改变这种本性。英国知名经济学家和政治哲学家哈耶克也说过，一种坏的制度会让好人做坏事，而一种好的制度会让坏人做好事。

猴子管理法则：不要让别人浪费你的时间

想必很多人在生活中都有这样的感受，即干扰是浪费时间的一大元凶。随时插入的短信、微信、电话、闲聊等，削减了我们的专注力，严重影响了我们的做事效率，让原本的计划成为泡影。对于这些干扰，我们应坚决地说“不”。解决方法通常有两个，一是阻绝干扰；二是集中处理。以电话干扰举例，如下图所示：

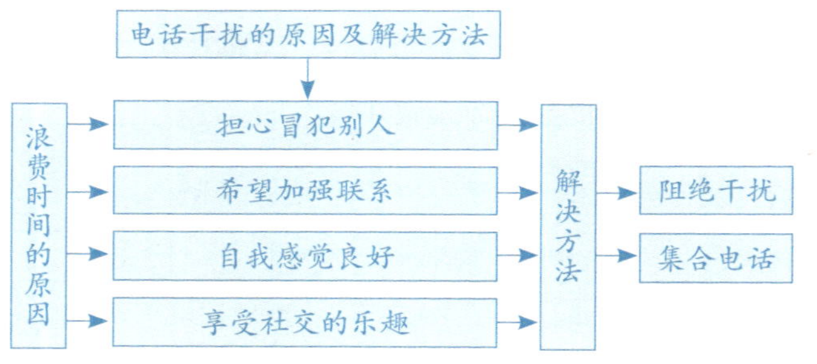

很久以来，许多主管人员都被同一个问题困扰，那就是太多的时候需要接受外界的干扰，随时要放下手中的工作去应付这些事情。因为主管的责任之一就是集合多人的努力，共同完成一份工作，因此他需要与很多下属互动。可问题是，处理不好，协调不当，就会严重影响到自己的工作。

如果这种“打扰”本属主管的分内之事，尚说得过去，但是如果本属于他人的工作，却转移到自己身上，岂不很糟糕？！比尔翁肯教授有一次偶然发现，自己在忙于加班的时候，下属竟然在悠闲地打高尔夫，这给了他极大的启示，他开始感觉到之所以出现这样的现象，一个很重要的原因是主管人员没有做好授权分责，致使很多本属下属负责的工作转移到主管身上，导致一方忙得焦头烂额，另一方清闲优哉。

比尔翁肯教授据此提出一个时间管理理论——背上的猴子。他所谓的“猴子”，是指“下一个动作”。

猴子管理法则是一个与时间关系密切的管理法则，其目的就在于帮助主管人员选定适当的人在适当的时间用正确的方法做正确的事，以保证自己有足够的时间去做规划、协调、创新等重要工作。

想一想下列情形是不是很熟悉：

主管和一个下属在走廊相遇，下属说：“我遇到麻烦了，需要与您谈一谈。”此时，下属的身上有一只急需被照顾的“猴子”，他如此这般将问题始末汇报了一番。主管也正有要事在身，但还是不太好意思让急于把事情办好的下属失望。他非常认真地听着……慢慢地，“猴子”的一只脚已悄悄搭上了他的肩膀。下属说的还真是个麻烦事，主管听了半个小时也没有弄清楚是怎么回事，或者清楚了是怎么回事，一时之间也不知道该如何处理，于是主管说：“这还真可能是件麻烦事，我现在没有时间与你讨论，我需要认真思考一下，回头咱们再商量。”主管很忙，当天要做的工作事先已经计划好了，但是经这么一折腾，时间浪费掉了，原定的计划因此受到影响。

试着用背上的猴子理论来分析一下上面的情形，主管和下属在走廊上相遇，随后，下属向主管诉苦，这样他背上的“猴子”就悄悄将一只“脚”跨到主管的背上。当主管听完下属的倾诉后，表示要认真思考一下，再与下属讨论，这样，下属背上的“猴子”就完全转移到了主管的背上，这时主管变成了下属，而下属则变成了监督者，角色发生了转变。此后，下属可能一会儿就跑来问问“考虑得如何了？”“想出什么解决的办法了？”“什么时候我们讨论此事”等等，不厌其烦地问。

一旦主管接受了下属的“猴子”，下属们往往会认为主管的行为是理所当然的，是主管自己要接管这些“猴子”的，于是，他们就会十分坦然地将他们不愿管的“猴子”能交给对方多少就交给对方多少，这样的话，主管就会被背上越来越多的“猴子”压得喘不过气儿，甚至没时间和精力照顾自己的“猴子”，却努力将一些不该摆在第一位的事情做得更有效率，实在不堪重负，这种行为可以说是自讨苦吃，怨不得他人。

固然，对遇到困难的同事理应伸出援助之手，但是要避免对方将你当成他们自己“猴子”的收容站，要知道你不是法力无边的神仙，本职的事情还没有做好，就去揽他人的事，试问一下，你能做好吗？应用猴子法则的前提是要明确自己的责任边界。

“控制好工作的时间和内容”是一条关于时间管理的恰当建议。对于经理而言，首要任务是通过消除“受下属制约的时间”以增加自己的“自由支配时间”；其次是利用这部分刚得到的自由支配时间，确保各个下属确实在发挥着各自的积极性；最后，利用另一部分增长的自由支配时间控制“受老板制约的时间”和“受公司制约的时间”。

实际上这种情况不仅仅发生在上下级之间，也发生在同一级别的同事之间，也可以发生在个人与部门、公司之间，所以，不要以为自己不是主管，就不会受到此类事件的干扰。事实上，稍不留神就有可能受其“侵害”，或者“侵害”别人。

这个法则告诉我们：

1.每个人都应该照看好自己的“猴子”；

2.尽量不要麻烦别人照看自己的“猴子”；

3.机构中，每一个人都应该清楚自己应该照看哪些“猴子”，以及如何照看好它们；

4.不要试图把自己的“猴子”交由别人照顾。这里的别人包括上司、下属、其他部门的同事，也可能是公司、社会乃至命运等；

5.避免出现没有人照看的“猴子”，或是出现有两个以上“主人”的“猴子”；

6.作为上司不仅应明确地告知下属应该照看好哪些“猴子”，更应训练下属如何照看好他们的“猴子”；

“猴子管理”并不适用于所有管理。比如说在创业初期时，就需要创业者或创业团队背负起所有的“猴子”，并主动帮助其他人背负“猴子”，否则创业很难成功。就像比尔·盖茨一样，不仅要背负写软件这只“猴子”，还要背负起卖软件那只“猴子”。对于一个有活力的团队而言，每一个成员实际上都会抢着背“猴子”，而不是想方设法把自己的“猴子”甩给其他人照顾。

回到问题的关键之处，对于别人放到自己身上的“猴子”，要视情况不同，或者给予很好的照顾，或者将它们放回其主人身上，并且以后者作为优先考虑，毕竟，先要照顾好自己的“猴子”，才能有精力去照顾其他人的。

分粥规则：利己并不妨碍公平

有一个很古老的故事，故事的主旨是分粥：

有七个小矮人，他们谁都没有凶险祸害之心，每天他们要分食一锅粥，但他们没有称量工具来分粥，于是他们想了几种办法：

第一种办法是，共同推举出一位负责人，由他专门负责分粥。而这么做的结果是，每一次分粥的人分得的粥都是最多的。他们得出一致结论，权力导致腐败。

第二种方法是，大家轮流分粥，每天由一人轮值负责，其结果是，每个人都只在自己分粥的那一天，吃得最饱，并且还有剩余，其余的六天都在饿着肚子。这一次他们得出的结论是资源浪费。

第三种方法是，选择一个道德尚属上乘的人，来进行分粥。在选举的过程中，免不了旁人对他溜须拍马，起初还算能保持公平，渐渐地，他会给那些阿谀奉承的人多分一点。他们得出结论，毕竟人不是神。

第四种方法，成立一个分粥委员会和一个监督委员会。其结果是，公平虽然做到了，但当粥分到手里的时候，已经凉了。

他们得出结论，这个方法类似政府机构的冗杂。

第五种方法，每个人轮值分粥，每次分粥的人，都在最后一个选粥。这样一来，每次，每个人的粥都是一样多的。

想让分粥工作既有效率又公平，着实不是一件容易事。所幸故事中这七个小矮人，最终通过不断尝试，实现了效率与公平的共赢。第五种分粥规则，中间不乏利己的成分，但并没有妨碍分粥的公平。

在没有精确计量手段的情况下，无论由谁来分粥，都免不了利己的嫌疑。多方的博弈过后，最切实可行的办法就是第五种——分粥者等所有人都把自己的那份粥领走后，喝最后剩下的那份。这也就为分粥者提出了一个最基本的要求——每一碗粥都要分得很均匀，否则最后剩下最少的那碗肯定是分粥者自己的。只有分得均匀合理，才不至于让自己吃亏。因此，即使分粥者的出发点是为自己着想，其结果也是公平、公正的。

这是哲学家罗尔斯在《正义论》中对社会财富进行讨论时所作的一个比喻，放在管理学中同样适用。我们可以将管理工作比作一款游戏，每个人在其中扮演着特定角色，工作的任务就是打怪封妖，职务晋升就是满点升级。而对一款好的游戏而言，规则的制定至关重要。

但实际情况是，当很多企业管理者制定制度时，都在不断地机械重复着上述的前面四种方法。最后，或是造成分粥不公，影响到员工的热情；或是效率不高，浪费人财物资源；或是给“掌勺者”可乘之机，使其有机会以权谋私。僵化落后、脱离实际、流于形式的制度规则，不仅无助于工作效率的提高、工作热情的增强，甚至可能成为管理中的枷锁和羁绊。

企业的游戏规则制定要考虑到个人利益，更要看重公司利益，要将个人利益与公司整体利益统一结合。制度的制定不应该仅仅是为了好看或应检，而应具有操作性、针对性、明确性、可行性，同时力求简洁全面，便于理解与执行。

在许多管理学的课堂上，老师都在告诉我们，授权时应给予下属充分的信任。但分粥的故事同时告诉我们：游戏规则的制定是要以每个人纯粹利己为出发点，制度的建立应基于对每一个人的不信任。

试想，如果能做到绝对信任，那么为什么还会需要制度呢？只是口头约定不就好了吗？也许不信任的出发点听起来并不够“人本主义”，但这恰恰有效防止了制定规则时的想当然，避免了建立制度时的理想化。这样才能够尽可能地规避风险，完善监督链条，以保证制度不受主观因素的干扰。毕竟，再坚定的意念也未必能经受得住利益的诱惑。

企业管理需要依靠简单且有效的管理机制，而非理想化的道德约束。没有制度或是制度不健全，好人也会变坏；而合理有效的制度，虽然未必能让坏人变成好人，但至少无法继续作恶。人的天性影响着制度执行的效果，而制度却可以改变人性的本质，关键在于制度制定的出发点如何，内容设计是否合理，游戏规则是否能够规避可预见的风险。

有些事关国计民生的社会公共行业的规则，不仅制约社会公众，更制约着业内人士，内外统一管理标准，社会才能有序而不乱。由于垄断着公共资源，分粥者更应当对业内外一视同仁，不得厚此薄彼。制度至关重要，制度是人选择、交易的结果。好的制度清晰而精妙，既简洁又高效。

形成、制定及推行某种游戏规则是一个博弈制衡的过程。

设定制度是一个展示公平的过程。然而公平并不等于平均，平均主义实质上是不公平的。制度公平所追求的是主体平等及面临机遇的均等，是一种人、事、物相宜，情、理、法相融，权、责、利相合的境界。

分粥的故事未必普遍适用，但它却告诉我们一个最简单的道理：分粥不是目的，吃粥才是真正的行为动机，只有从合理的出发点考虑，明确简单、有效的分粥规则，才能让大家都在最公平的状态下吃饱饭。明白了这个道理，“分粥”就不再是件难事。

鲇鱼效应：外来“鲇鱼”推动你越游越快

挪威人爱吃沙丁鱼，尤其是活鱼，他们在海上捕得的沙丁鱼，活鱼的卖价是死鱼的好几倍。

但是，沙丁鱼生性懒惰，不爱活动，返航的路途又很远，因此捕捞到的沙丁鱼往往刚一回到码头就死了，即使有些还活着，也已经奄奄一息。只有一位渔民的沙丁鱼总是活的，并且很生猛，因此他赚的钱也比别人多。

该渔民严守这个成功的秘密，直到他死后，人们打开他的鱼槽时，才发现秘密只不过是多了一条鲇鱼。

原来鲇鱼以其他鱼类为食，将其装入鱼槽后，由于周围环境陌生，鲇鱼就会四处游动。当沙丁鱼发现这一异己分子，也会紧张起来，左冲右突，加速游动，如此一来，沙丁鱼便都活着回到了港口。

这就是著名的“鲇鱼效应”，即通过个体的中途介入，对群体起到竞争作用，从而促进群体活跃。其实质为一种负激励，是激活一个群体的奥秘。

对于一个企业而言，如果其内部人员长期稳定，就会缺乏活力与新鲜感，产生惰性，以至于影响到企业的整体效率。此时，企业可以引进“鲇鱼”作为激励手段，促进“沙丁鱼”游动，给“沙丁鱼”一种紧迫感——如果不想被吞食，就必须活跃起来。这样一来，企业就再次焕发出了旺盛的活力。

企业只有不断补充新鲜血液，引入那些富有朝气、思维敏捷的年轻生力军，让他们进入固有的职工队伍中甚至管理层，带给那些故步自封、因循守旧的懒惰员工和官僚以竞争压力，才能唤起那些“沙丁鱼”们的生存意识和竞争求胜之心。

一些机关单位实行公开招考和竞争上岗制度，就是对“鲇鱼效应”很好的应用。此方法能够使在职员工产生危机感，从而更加努力工作。

大多数失败的公司，事先也都显现了一些问题的征兆，然而即使少数管理者已对这些现象略有察觉，也不会太在意。如：企业的气氛沉闷，缺乏压力，管理层过于安闲舒适，员工充满惰性，一些真正具有才能和潜力的人才则得不到充分发挥才干的机会，他们或是离开公司，或是被无谓地浪费掉，企业由此慢慢失去生机。

对个人来说，长期待在一成不变的工作环境中，做着千篇一律的工作，也难免会产生倦怠、懒惰等负面情绪，从而导致工作效率降低，陷入职业倦怠的漩涡。“鲇鱼”的加入将促进团队的活力，从而产生竞争感，以激发他们的工作热情，更有效地促进了个人职业发展的成功。

在适当的时候引入一条“鲇鱼”，无疑会在很大程度上刺激团队战斗力的再次爆发。在这一方面，日本的本田公司就做得十分出色，非常值得我们管理人员借鉴。

一次，本田汽车的创始人——本田宗一郎对欧美企业进行考察，他发现许多企业的人员基本上是由三种类型组成的：一是不可缺少的干才，约只占两成；二是以公司为家的勤劳员工，约占六成；三是终日东游西荡，拖企业后腿的蠢材，也占到了两成。而本田自己公司的人员中，缺乏进取心和敬业精神的人员也许比这还要多些。

那么如何增加前两种人，使其更具有敬业精神，而减少第三种人呢？如果对第三种类型的人员实行完全淘汰制，一方面会面临来自工会方面的压力；另一方面，也会使企业蒙受损失。其实，这些人也有能力完成工作，只是与公司的要求相距远一些，如果将他们全部淘汰，显然是行不通的。

后来，本田先生受鲇鱼故事的启发，决定进行人事变革。他首先由销售部入手，因为销售部经理的理念与公司的理念相距太远，而且他的守旧思想已经严重影响到其下属。必须找一条“鲇鱼”来，尽快打破销售部只想着如何维持现状的沉闷气氛，否则公司的发展势必会受到严重影响。

经过周密计划和不断的努力，本田先生终于把松和公司销售部副经理、年仅35岁的武太郎挖到了本田公司。武太郎在接任本田公司销售部经理后，凭借丰富的市场营销经验和过人的学识，以及惊人的毅力和工作热情，得到了销售部全体员工的好评，员工们的工作热情被极大地调动起来，团队整体活力大为增强。公司的销售状况也出现了转机，月销售额直线上升，公司在欧美市场的知名度也在不断提高。本田先生对武太郎上任以来的工作非常满意，不仅仅是由于他的工作表现，还因为销售部作为企业的龙头部门，有效带动了其他部门经理的工作热情和活力。

从此，本田公司每年着重从外部“中途聘用”一些精干、思维敏捷、30岁左右的生力军，有时甚至会聘请常务董事一级的“大鲇鱼”。这样一来，公司上下的“沙丁鱼”都有了触电般的感觉，业绩从此蒸蒸日上。

鲇鱼效应对于“鲇鱼”的意义，在于自我实现。鲇鱼型人才是企业管理所必需的。而对于鲇鱼型人才来说，自我价值实现始终是其最根本的目的。

鲇鱼型人才在组织中如何安身立命也是一个需要重视的问题。历史上有很多鲇鱼型人才最后都没有落得好下场，其原因就在于他们的“好动”，往往因此而得罪很多人，这些人又联合将他打压了下去。

虽然企业因为这些“鲇鱼”得到了长足的发展，但古往今来“鲇鱼”们的下场却让很多人想动而不敢动。其实，鲇鱼型人才在机构中的生存是有规律可循的。鲇鱼型人才固然要做到最好，但同时也要学会低调和韬光养晦；鲇鱼型人才固然要忠于组织，但也要学会功成身退，毕竟任何忠诚都应是有限度的；鲇鱼型人才固然要努力工作，但也要讲究做人做事之道，或者也可以称其为手段。

对于鲇鱼型人才来说，自我价值的实现固然重要，但如何求得自身的安全以安身立命，同样不容忽视。

当然，另一方面，鲇鱼效应同样存在其弊端。适度的压力能够激发活力，然而过度的压力却会激发无助、绝望等更加负面的情绪。这不仅无助于消除倦怠，反而会使情形恶化。

依然举沙丁鱼的例子来说，鲇鱼的食物是其他鱼，一条鲇鱼的加入可能会给沙丁鱼带来压力，激发他们的活力；而如果是一群鲇鱼的加入，非但不能给沙丁鱼带来动力，还会给他们带来灭顶之灾。

当今的社会日新月异，原地不动就意味着退步，逆水行舟，不进则退，如果不想落于人后，就让假想中的那条“鲇鱼”带给你的适度压力，转化为不停歇的动力，让自己越游越快吧！

金鱼缸法则：透明的管理利于民主的推行

金鱼缸是玻璃做的，透明度很高，不论从哪个角度观察，里面的情况都一清二楚。

“金鱼缸效应”是由日本最佳电器株式会社社长北田光男先生提出的。北田光男先生强调，把增强透明度的重点放在各级经营领导者的经济收入上，要求企业各级领导者的经济收入和费用报销要如实地向企业利益相关者公开，接受企业利益相关者的批评建议，并根据员工们的意见，对经营管理进行改进。

金鱼缸效应运用到管理中，就是要求领导者必须增加规章制度和各项工作的透明度。各项规章制度和工作有了透明度，领导者的行为就会置于员工的监督之下，就能有效地防止领导者滥用权力，从而强化领导者的自我约束机制。员工在履行监督义务的同时，自身的主人翁意识和责任感得到极大的提升，而敬业、爱岗和创新的精神也必将得到升华。

企业管理中常采取的“开诚布公管理法”，哲学基础与“金鱼缸法则”一样，即“开诚布公”。史塔克是“开诚布公管理法”的先驱之一，他因道德表现出众，堪为众人表率，而被授予“企业信用奖”。

史塔克接管春田重整公司（SRC）时，SRC刚从其母公司——

国际丰收公司脱离独立，当时公司的经营状况可说是摇摇欲坠。史塔克认为，使公司长久维持正常经营的唯一方法，就是以真相作为基础。他决定让公司的每一位员工都对公司整体的经营状况有所了解。他亲自教员工如何看懂公司的财务报表，而且定期公开公司的账册与各项财务资料，让全公司上上下下都了解公司的状况及未来目标。

公开和透明当然会有风险，民主管理模式也不是没有缺点，但与企业组织的“专制”“威权”模式相比，却是一种成本最低的治理模式。无论是政府还是企业，遇到危机和问题时我们最常用的手段就是“捂”和“盖”，为此常把“稳定”“大局”作为借口。

其实所谓的“稳定” 和“大局”，只不过是为官者眼前的“稳定”和仕途的“大局”，根本不是“组织”的大局，为此不惜以牺牲组织整体的信用和长远利益为代价，本质上是“公权私有”“权力寻租”的一种反映。阳光是最好的防腐剂。

在路口等红灯的时候，如果有人开始闯红灯了，就会有更多的人跟上去。本来想等绿灯的你，是不是也跟着走了呢，这就好比一个人开始起哄，大家也纷纷效仿起来。

这种跟风心理随处可见，其实企业、公司、机关里也不例外。

制度制定出来是让人遵守的，如果无人遵守，制度就成了没有价值的摆设。然而，很多企业的组织规章往往就会遭遇到这样的尴尬境地：企业里没有人遵守所谓的规章制度，大家对于那些既定的规则视若无睹。

制度得不到应有的重视，变成了橱窗中无人问津的摆设。行为心理学家在研究中发现，在一个群体中，当其中一个人打破群体中的一项规则时，就会有更多的人接二连三地打破这项规则。这种行为现象，被称为“破窗效应”。

美国斯坦福大学的心理学家詹巴斗为验证这种心理现象，设计了一个非常巧妙的实验。

整个实验一共分两个阶段。首先，詹巴斗找了两辆一模一样的汽车。在实验的第一阶段，他把其中的一辆摆在帕罗阿尔托的中产阶级社区，而另外一辆车停在相对杂乱的布朗克斯街区。停在布朗克斯街区的那一辆汽车被詹巴斗摘掉了车牌，顶棚也被打开，显示出一副“破”的样子。结果，这辆车一天之内就被人偷走了。而放在帕罗阿尔托的那一辆，摆了一个星期也依旧完好、无人问津。

为了排除治安差异的影响，詹巴斗设计了实验的第二阶段。在实验的第二阶段，詹巴斗用锤子把那辆完好的车的玻璃敲了个大洞。依旧是停放在原来的位置。他们观察这次是否会出现与第一阶段相同的情况。结果仅仅过了几个小时，这辆车就不见了。

研究人员认为，并不是两地的治安差异导致车子被偷，而是车子的“破”导致了这种现象。

以这项实验为基础，政治学家威尔逊和犯罪学家凯琳提出了“破窗理论”，即如果有人打破了一座建筑物窗户上的玻璃，而这扇玻璃又得不到及时的维修，他人就可能受到某些暗示性的影响作用，认为这是一种变相的纵容，会不断有人“跟进”的。

这种情况就要求领导者要带头遵守制度，如果领导者失去了这种表率作用，将自己置于制度之外，那么就不可能会有好的执行效应。同时，为了保证制度的这种公平性，制定制度时要保持一定的透明度。

当然，“透明”并不是孤立的，而是建立在公平、公正的基础上的，它们之间是相辅相成、相互促进的作用。从某种意义上讲。公开和“透明”只不过是一种结果，公平、公正才是根本，离开了这一根本，“透明”也只能是奢望了！

拜伦法则：用人不疑，授权监管两相宜

美西战争爆发后，美国必须立即与西班牙的反抗军首领加西亚取得联系。人们只知道加西亚在古巴丛林的山里，但没有人知道确切的地点，无法带信给他。美国总统必须尽快获得他的合作。

这时，有人对总统说："有一个人名叫罗文，他有办法找到加西亚，也只有他才能找得到。"

他们找来罗文，把一封写给加西亚的信交给他。那个名叫罗文的人拿了信，把它装进一个油布袋里，封好，吊在胸口。罗文划着一艘小船，于四天之后的一个夜里在古巴上岸，消逝于密林中。

在三个星期后，罗文从古巴岛的那一边出来，此时他已徒步走过一个危机四伏的国家，将那封信交给了加西亚——这些都不是重点，重点是：麦金利总统把一封写给加西亚的信交给罗文时，罗文接过信，并没有问"他在什么地方"，只是以一个高度责任感接下了这个任务。那时他心里唯一想的，是如何把信送给加西亚。

这本《致加西亚的信》在全世界广为流传，它是无数企事业单位领导者的“圣经”，激励了千千万万人尽责的主动性，塑造了千千万万团队的灵魂。职场中的年轻人所需要的远不止书本的知识和他人的谆谆教导，更需要一种孜孜不倦的敬业精神，而罗文这种敬业精神的来源就是总统对他的信任。

“真正的管理就是少管理”，管理学中的“授权”，即指把某项任务交给下级，让其具体操作，管理者自己则不再指手画脚。合理的授权，给了下属发挥的空间，让管理者抽出更多时间负责整体战略布局，从而提高了整个团队的工作效率。

松下电器的创始人松下幸之助曾如是说：“授权可以让未来规模更大的企业仍然保持小企业的活力，同时为公司培养出发展所必需的一批优秀的管理人才。”

人才会使企业的发展如虎添翼，人人发挥各自所长，企业自然会取得更大的成功。

举世闻名的旅店大王唐纳德·希尔顿曾是控制着美国经济的十大财阀之一。他以5000美元起家，通过艰辛奋斗，历经磨难，终于把他的旅馆开遍美国及世界各地，成为世界闻名的旅店大王及亿万富翁。他的成功，在一定程度上应归功于独特的用人之道及在此基础上形成的管理风格。

希尔顿21岁那年，他的父亲把一个旅店经理的职务交给了他，同时转让给他部分股权。然而，在这段时期，有一件事令希尔顿非常恼火，那就是父亲的经常干预。之所以如此，一方面是由于父亲觉得儿子还太年轻，另一方面也许是由于当时家族的事业尚未稳固，经不起儿子可能的失误带来的重大打击。

正是因为亲口品尝了有职无权、处处受制约的苦恼，希尔顿日后独掌大权时，才总是慎重地选拔人才，而一旦决定，他就会给予其全权。

在希尔顿的旅馆王国中，许多高级职员都是由基层逐步选拔上来的。由于他们都有着丰富的工作经验，所以经营管理也非常出色。希尔顿对于他提拔的每一个人都十分信任，放手让他们在各自的工作中充分发挥其聪明才智，大胆负责自己的工作。

如果他们之中有人犯了错误，希尔顿通常单独把他们叫到办公室，先鼓励安慰一番，告诉他们干工作难免会出错。然后，他再帮他们客观地分析犯错的原因，并一同研究解决问题的办法。他之所以对下属如此宽容，是因为他认为，只要企业的高层领导决策正确，员工犯些小错误是不会影响到大局的。如果一味加以指责，反而会打击他们的工作积极性，从根本上动摇企业的根基。

希尔顿的处事原则，是使其手下的全部管理人员都对他充满信赖，对企业忠诚，对工作兢兢业业，认真负责。

正是由于希尔顿对下属的信任、尊重与宽容，公司上下充满了和谐的氛围，创造了一种轻松愉快的工作环境，希尔顿也由此获得了其经营管理中的两大法宝——团队精神和微笑。而正是这两大法宝，铸成了希尔顿事业的辉煌。

任何一项工作的完成都离不开人与人之间的合作，管理者与下属间的博弈从未间断。美国内陆银行总裁D.拜伦告诫管理者们；“授权他人后，就完全忘掉这回事，绝不再干涉。”这就是西方管理学著名的“拜伦法则”。

然而授权也并非一蹴可成，不能简单的一句“这件事交给你了”就算是完成了授权。它需要授权者和被授权者密切的合作，彼此态度诚恳，保持相互沟通。授权时，授权者须使下属完全明确自己的任务、权力和责任。做好这些，接下来就要让被授权者依他自己的方式处理事情，避免随意干涉，并且随时给予支持、辅助。合理的授权并非是对下属的放任自流、撒手不管，而是保留监督的权利，在受权者出现不可原谅的错误时，随时撤销他的受权资格。

美国肯德基公司的子公司遍布全球60多个国家，餐厅数量多达9900多个，但它对各子公司的监控却从来没有停止过。

一次，上海肯德基有限公司意外收到了总公司发来的三份鉴定书，对外滩分餐厅的工作质量分三次进行鉴定评分，分别为83、85、88分。公司的管理者对此都十分惊讶：这三个分数是何时评定的?

后来，他们得知，肯德基总公司雇用了一批人，佯装顾客进入店内进行检查评分。这些“特殊顾客”看上去与“普通客户”毫无差别，这就让每一个餐厅经理、店员时刻感到某种压力，毫不敢懈怠。

肯德基的高明之处正在于，授权之后又不定期派专人进行监督考核，而非放任不管，更切实地时时了解各子公司的实际经营情况，从而更全面地掌握整个企业体系的运转状况。

赫勒法则：有监督才有动力

其实，人类的发展史就是一部“惰化史”——为了活得更省心省力，人类发明创造出一系列代替劳动的物品，也正是这些伟大的发明推动人类社会一步步发展到今天。因此，我们或许应该感谢这种天性中的惰性。然而，如果不对这种惰性加以有效监督，它同样会使整个社会瘫痪。

对于企业而言，执行力很大程度上决定着其成败，它是21世纪形成企业核心竞争力的关键。当团队和员工都具有很强的纪律意识，在不允许妥协的地方绝不妥协，在不需要借口的时候绝不找借口，你就会发现，团队已经具有了非凡的执行力。

中国台湾建华金控总裁卢正昕说：“企业的执行力靠的就是纪律。”他旗下的子公司里有些员工总是上班迟到、纪律涣散，这让主管很是头痛。主管向卢正昕讨教，卢正昕告诉他，只需定下一条规矩：“只要迟到，就罚一万元。”结果接下来的时间只罚了一个人，全公司再也没有人敢迟到了。

有些企业，特别是在一些经营不景气的企业中存在着许多有做事打折习惯的人，这些习惯做事打折的人，工作起来就使八分劲，就是打扫卫生他也会留一些“死角”。

工作打折是一种十分恶劣的习性，它严重地影响着对制度的执行效果，打折看上去似乎微不足道，可从实质上讲，它对执行影响巨大。

我们在工作中出现的问题，的确只是在一些细节、小事上做得不完全到位，而恰恰是这些细节的不到位，又常常会造成较大影响。对很多事情来说，执行上的一点点差距，往往会导致结果上出现很大的差别。很多执行者工作没有做到位，甚至相当一部分人做到了99%，就差1%，但就是这点细微的区别使他们在事业上很难取得突破和成功。

一位管理专家一针见血地指出，从手中溜走1%的不合格，到用户手中就是100%的不合格。为此，员工要自觉地由被动管理到主动工作，让规章制度成为自己的自觉行为，把事故的苗头消灭在萌芽之中。

某房地产公司的老总曾回忆道：

“1987年，一个与我们公司合作的外资公司工程师，要拍项目的全景，本来在楼上就可以拍到，但他硬是徒步两公里爬到一座山上，连周围的景观都拍得一清二楚。当时我问他为什么要这么做，他只回答了一句：‘回去之后董事会成员会向我提问，我要把整个项目的情况告诉他们才算完成任务，不然就是工作没做到位。’”

这位工程师的个人信条就是：“我要做的事情，不会让任何人操心。任何事情，只有做到100%才是合格，99分都是不合格，60分就是次品、半次品。”

一个组织事业的成功与否，不在于他们的事业是多么地崇高伟大，也不在于它的所有成员都是精英，而在于他们的所有成员都能自主自发、尽心尽力。无论从事什么工作，都不敷衍塞责。因此，在工作中要保证执行力得到提高，首先在制度上就要注意不给习惯打折的人以可能。

发现执行不力的途径一般来讲有两条：一是执行不力的恶果反馈，二是监督考核的发现。第一种发现是被动的，第二种是主动的，更具有意义。

监督就是追踪考核，确保目标达成、计划落实。虽然谈到监督会令人产生不舒服的感觉，然而在实际工作中，它却发挥着十分现实的作用。有些事情不及时加以监督，就会给组织造成直接或间接的损失。

英国管理学家H·赫勒提出一个理论，就是当人们知道自己的工作成绩有人检查的时候会加倍努力。这就是“赫勒法则”。每个

人都有被尊重的需要，当你能满足他这种需要时，他自然会更愿意为你做事。

整体来看，监督有着如下两方面的作用和意义：

1.监督是对制度的提醒和强调

工作的监督如果得不到严肃对待，清晰而简洁的目标就没有太大的意义。很多事情就是因为没有及时监督与控制，而错过了解决问题的最佳时机，小问题变成了大问题。

这里面有两种情况，一是没人监督，二是监督的方法不对。前者是只要做了就行，做得好与坏没人管；或者是有些事没有明确规定该由哪些部门去做，职责不明确，所以无法考核，常见的有企业中的管理真空或者管理重叠问题等，而后者是监督或考核的机制不合理。

2.监督是落实的灵魂

监督是落实的灵魂，所有善于落实的人都会去监督组织所制订计划的落实情况。监督能够确保一个组织按照规划的时间进度表去实现目标。不间断地监督和跟进，就能够有效地暴露出规划和实际行动之间的差距和问题，并迫使管理者采取相应的行动来协调和纠正整个工作的进展，以期完成阶段性和整体性目标。

工作监督控制通常有三种方式：其一是管理者依据工作计划进度与事先预计安排自己在合适的时间去跟踪检查；其二是约定执行者在什么时候、什么情况下，应该汇报工作进度与相关情况及相关原因；其三是下个工序或相关职能人员应在什么时候进行跟踪监控与回馈信息或递交报告等。

好的结果要给予表扬、肯定和奖励，并总结成功的经验；对于坏的结果则要及时纠正，并总结经验教训，同时追究责任。

德尼摩定律：放在适合的位置都是人才

“橘生淮南则为橘，生于淮北则为枳。”无论人还是物品，都有一个最适合自己的位置，只有在这个位置上，才能发挥其最大可能性。由此，英国管理学家德尼摩提出：“凡事都应有一个可安置的所在，一切都应在它该在的地方。”这一理念后被命名为“德尔摩定律”。

因此，在组织中，管理者如何安排员工的位置就显得格外重要。德尼摩定律要求管理者，依照员工的特点和喜好来分配工作。比如，有些员工领导欲比较强，就可以让他带领一支小团队完成一些难度较高的工作，适时给予肯定和赞扬；有些员工创造力比较强，就可以让他去完成一些富有创造性的工作。

日本东芝株式会社致力于施行“适才而用”的用人法则，在企业中实行内部招聘，让职员自主申报最能发挥自己专长的职位。

公司以最大的努力实现职员的需求，使职员各得其所。在此基础上，公司唯一要求职工的是，人人挑重担，“谁能拿得起一百公斤就交给他一百二十公斤的东西”。东芝公司认为，只要用人所长，就能发挥其最大的聪明才智，他就能挑起更重的担子。

正是这种按人才的特长进行工作分配的方法，使东芝公司人尽其才，才尽其用。

每个人都只有在最适合自己的位置上才能长久立足，并充分发挥自己的才能，为企业创造最大的价值。但是，每个人对“最适合”

都有不同的见解，他们的判断有可能会被喜好或眼前利益所左右。那么，作为管理者，应怎样将员工安排到最适合他的岗位上呢？

出于同样的好奇，管理学家们做了大量研究，认为应从以下几方面考虑：

1.岗位工作职责是否符合员工的职业价值观

职业价值观是指人生目标和人生态度在职业选择方面的具体表现，即一个人对职业的认识和态度以及他对职业目标的追求与向往。

常言道：“人各有志。”只有根据各人的“志”为其调配工作，才是符合其意愿及职业价值观的。

2.是否适合员工的个性与气质

每个人都有各自的脾气秉性，如果它与某个岗位的要求恰好吻合，工作起来就会轻松自如。否则，即使付出巨大的努力，效果可能也不及前者。

如果某人严谨认真，可以安排他做行政一类的工作；如果某人善于沟通，可以安排他做营销一类的工作。

3.员工能否在工作中看到对未来的期望

事实证明，一个员工能在一个企业长期工作，很大程度上的原因是以下四点得到了满足：①工作得开心；②有一份合理的薪水；③自身能在岗位上得到不断的进步；④企业有好的发展前景。

管理者只有熟悉自己手下的员工，了解他们之间的差异，才能安排他们在最适合自己的位置上各司其职。知人善用说起来容易，实施起来却并不简单。再优秀的人都有自己的软肋，因此要放大其优点，弱化其缺点。没有天生的人才，还需要领导者不断的鼓励与培养。

汽车大王福特的成功，与他注意招揽人才，并善于根据其特点和要求，让他们发挥最大作用的做法关系密切。

德国人埃姆不仅技艺精湛，还善于调兵遣将，但因长期得不到赏识而郁郁寡欢。福特在发现这些后，对他给予了极大的重视，为其施展自己的抱负提供了足够的空间。在用人上，埃姆甚至可以自己做主。这使埃姆身边聚集了许多精兵强将。

拥有众多得力助手的埃姆，对福特公司做出了巨大贡献。埃姆发明的新式自动专用机床，其中的自动多维钢钻，可从四个方向进行加工，同时可在汽缸缸体上钻出45个孔，当时世界上任何机床公司都无法提供这样出色的设备。埃姆被公认为汽车工业革命中贡献最大的人。所有这些成绩，都得益于福特对埃姆的知人善任，为他施展自己的才能提供了充足的空间，让他感觉到了巨大的成就感。

负责福特汽车推销的库兹恩斯，是一个优点和缺点都很突出的人。他虚荣、自私、性情粗暴，却也聪明能干、善于交际、处事果断；他在汽车的经营方面有着丰富的阅历和经验，精力充沛，工作热情，雄心勃勃。旧主不识良骥，未予以重用，而福特却用其所长，视之为臂膀，委以重任。后来，库兹恩斯独创了一种推销方式，轻而易举地在各地建立了福特汽车的经销点。

由于每个人都在公司中找到了最适宜自己的位置，福特公司面貌焕然一新。到了1913年，全国每个千人以上的小镇至少有一家福特车的代销点，以致1913年福特厂虽然以每三分钟一辆的速度出产汽车，仍然有十几万辆的订单无法供货。到1920年2月7日，福特公司所属汽车厂创造了每分钟生产一辆汽车的记录。到1925年10月30日，福特公司甚至创造了10秒钟出一辆汽车的世界纪录，使其达到了登峰造极的地步，当时的同行都望尘莫及。

福特的成功，得益于他能根据不同人才的特点和愿望，为他们找到最合适的位置。通过对人员的合理配置，形成了人才的互补效应。

每个人都有属于自己的潜能，没有真正无能的人，只有不会使用才能或是没有用武之地的人。

高效率原则：学会委托和外包

索尼电子曾在美国拥有14 001名员工，人力资源专员分布于7个地区。尽管索尼已经投资开发了PEOPLESOFT软件，但仍在不断追求发挥其最佳技术功效，索尼最需要的是更新其软件系统，以缩短预期状态与现状之间的差距。

在找到翰威特之前，索尼的人力资源机构在软件应用和文本处理方面徘徊不前。所有人力资源应用软件中，各地统一化的比例仅达18%。此时人力资源小组意识到，他们不仅仅需要通过技术方案来解决人力资源的问题，还需要更有效地管理和降低人力资源的服务成本，以此来提升人力资源职能的战略角色。

正是基于此，索尼电子决定与翰威特签订外包合同，转变人力资源职能。翰威特认为这意味着索尼电子的人力资源机构将进行重大改革，其内容不仅限于采用新技术，翰威特还可以借此契机帮助索尼提高人力资源的质量、简化其管理规程、改善服务质量并改变了人力资源部门的工作日程，进而使企业绩效得到了提高。

在这样的新型合作关系中，翰威特负责提供人力资源技术管理方案和主机、人力资源用户门户，并进行相关内容管理。

这样一来，索尼为员工和经理查询所有人力资源方案和服务内容提供了方便。此外，翰威特还提供综合性的客户服务中心、数据管理支持及后台软件服务等。

索尼电子在实施外包方案之后，其结果已经初见端倪。除整合、改善人力资源政策之外，这一变革项目还转变了索尼80%的工作内容——它将各地的局域网、数据维护转换到人力资源门户网的系统上。数据接口数量减少了2/3。新型的汇报和分析能力将取代原有的、数以千计的专项报告。

到第二年，索尼电子的人力资源部门将节省15%左右的年度成本，而到第五年时，节省幅度将高达40%左右。平均来看，未来5年期间的平均节资额度可达25%左右。

委托和外包是一种节省时间、提高效率的流行趋势，通俗一些说，是为了节省更多时间去做自己喜欢、擅长而且产出高的事情，而把部分工作授权给他人做的做法。通常，委托和外包的对象是能够胜任所要授权工作的专业人士。

正所谓术业有专攻，将事情委托和外包给专业人士来做，好处有很多，概括起来，有三个明显的好处：

1.比自己动手的代价要小得多。比如，你有一些每小时60块钱的工作要做，但是你还有每小时100元的工作可做，这种情况下，你就可以将那些每小时60块钱的工作委托和外包给能够胜任它们的人去做。一些专门承接外包的公司，通常情况下，找他们做比自己做的代价要小。

2.让你更加专注于自己的优势。某项工作，虽然你可以应付，但并不擅长。这种情况下，你把这项工作委托给别人来做，虽然你需要付出金钱，但是你省出了时间，你可以将省出的时间用在你擅长的方面，发挥你的优势。

3.打破了一定时间内做多少事的限制。委托和外包给专业人士做，可以省出时间和精力去做自己擅长的事，这样客观上能够提高工作效率，在一定时间内可以做出更多的事情。

这给我们一定的启示，告诉我们：不要做不需要做的，不要做其他人可以做的，将你做的事，择其轻重分些给别人做，你才有时间做一个高效率人士。为了将委托和外包的各项工作做到位，合适又妥当，需要仔细斟酌以下一些事项：

1.谁适合做这样的工作。你要寻找那些可以胜任你要委托工作的人。擅于寻找合适的人是高效率人士的一个特征。

2.谁能以更低的成本完成任务？你可能会发现，那些专门从事该行业的公司几乎可以满足你的所有要求，而且速度更快、成本更低。所以，你不妨将关注的目光转向他们。

3.这项工作是否可以不做。由于很多日常事务和任务可做可不做，所以，在打算委托和外包前，你要打开你的思维，想一想某项工作是不是非得要做，不做会有什么后果？想好了，再采取进一步的行动。

一个大公司，将本公司里的一些记账工作交给一个会计师事务所负责。他们工作的主要内容就是每月从这个大公司所有的业务分部收集报告，然后将这些报告单独装订成册，然后再分发给所有分部的经理，这项委托费用虽然不高，但是累加起来也不少。

某大公司走马上任一位副总裁，他对公司的这项业务非常好奇，于是就到其中一位部门经理那里询问其是否每月都能收到该会计师事务所的月度报告，该部门经理答复说确实每月都收到报告。副总又问："你们是怎么处理的？"

部门经理回答："我领您去看看吧。"他领着副总走出大厅，来到侧门的一间储藏室。在那里，副总发现，公司每月的报告都整齐地堆放在储藏室里面的一组书架上，已经码放了好几排。部门经理说："我们各部门根本没时间看，虽然有时候上面领导要求看，我们也只是应付一下，把它们存放在这里只是想到以后可能会用得上。"

这位副总了解清楚后，立刻下令停止这项业务。那个会计师事务所虽然坚持说他们的这项活动有意义，但是新任副总态度强硬，他坚决停止了和这家会计师事务所的这项业务往来。事实证明，停止报告没有对公司的实际活动产生任何不利的影响，相反，公司某些部门的工作效率还提了上来。

需要注意的是，委托和外包也不是无往而不利的，它需要科学的计划和安排，如果是盈利不多的个人项目，委托和外包并不见得适宜，一定要综合各方面考虑，主要从时间和效益两方面入手，权衡是否适宜委托和外包。

第四章

社交"读心术"——攻心为上，驭人有方

南风效应：感人心者，莫先乎情

一天，南风和北风想要比试一下谁的本事大，于是他们商量决定，看谁能更快吹掉行人身上的衣服，谁就是赢家。

北风拼命地吹啊，吹得人寒冷刺骨，不觉裹紧了身上的大衣。这时南风徐徐而动，顿时风和日丽。行人不觉解开纽扣、脱掉大衣。南风成为这场竞技的获胜者。

拉·封丹的这则寓言非常精妙，“南风效应”就由此而来。“南风效应”也叫“温暖效应”，即温暖胜于严寒。北风失败的根本原因就在于它的“硬”手段让行人产生了抵触心理，而南风的怀柔政策却吹散了人们的抵触。

“感人心者，莫先乎情。”马斯洛的需要层次理论表明，人类最高层次的需求是爱与尊重，每个人都希望得到他人的肯定与欣赏，在竞争激烈的职场更是如此。温情管理不仅能满足员工对爱与尊重的需求，还能激发他们的工作热情，并提高其忠诚度。

1930年初，世界经济危机，日本经济同样不景气，大多数工厂不得不通过裁员、降低工资、减产来自保，失业率一度飙升，国民生活毫无保障。

松下公司也在这场危机中受到了极大影响，销售额锐减，商品积压如山，资金周转不畅。这时，一些管理人员提出裁员，并缩小业务规模。而此时抱病在家的松下幸之助却没有这样做，而是毅然采取了与其他厂家完全不同的做法：工人一个不裁，实行半日制生产，工资仍按全天支付。与此同时，他要求全体员工一起利用闲暇时间去推销库存商品。松下公司的这一做法得到了全体员工的拥护，大家千方百计地推销库存商品，只用了不到3个月的时间就把存货销售一空，松下公司就此顺利渡过了难关。

纵观松下的经营史，在曾遇到的几次危机中，松下幸之助都在困难中坚守信念，不忘以员工为本的经营思想，大大增强了公司的凝聚力和抵御困难的能力，于是无论多大的危机都在全体员工的共同努力下顺利渡过，松下幸之助也因此赢得了员工们的一致称颂。

古语有云："得人心者得天下。"管理者只有真正俘获了员工的情感，员工才会视企业的发展为己任。如果只是不苟言笑，以批评责难来树立自己的威信，而无法切身体会他们的难处，将心比心地对待他们，也就很难让他们真正尽心为企业效力。真正服人的是"德"，而不是"罚"；树立威信的是"爱"，而不是"怨"。

在企业管理中多些人情味，少些铜臭味，员工对企业的认同度和忠诚度才会与日俱增。而这些正是企业在竞争中无往不胜的法宝。领导对员工充分地信任、关心，多为他们着想，少摆官架子，多急员工之所急，让员工切实感受到关爱，他们才会发自内心地以积极的工作态度回报这种关爱。

南希·奥斯汀曾说："管理从根本上讲是人的问题。只有充分尊重每一位员工，尊重他们的价值和贡献，才能最大可能地让他们的积极性得以发挥。"工作时间在多数人的一生中占有重大比重，因此企业应不只是员工工作的地方，更是一个大家庭，能给员工情感上的抚慰。

同事之间也是同理，一出现矛盾就摆脸色，甚至恶语相向，大打出手，是同事交往的大忌。很多事情明明还有缓和的余地，可一旦用消极手段将其逼入死胡同，事情就难以解决了。冤家宜解不宜结，堆积在心里的不快必然会影响到工作，而上司面对这种情况，很可能会对其中一个人或者两个人都施以惩罚甚至开除。

工作场合的所有事情都涉及公司的利益，因此作为成年人，无论同事之间有多大的矛盾，都可以坐下来协商。只要愿意协商，就说明矛盾并非不可调和，接下来的事情也就会迎刃而解了。即使当时没能在心里化解，也可以留给时间来淡化，因此在矛盾发生时，应尽量避免将其升级为言行冲突，双方都冷静一会儿，留出思考和应对的时间，就会避免很多激烈冲突。

“人非草木，孰能无情。”当企业拥有家庭般温馨的氛围，领导关爱员工，员工和睦相处，员工自然就会倍感舒适，并回报以饱满的工作热情，充分发挥自己的才能，为企业做出更大的贡献了。

对于企业而言，一个人的力量必然是渺小的，只有团队协作才能让企业向更好的方向发展。员工不是工作机器，作为管理者，要让员工找到自我价值，让每一个人都觉得自己是很重要的。经常沟通以及时捕捉员工的心理动态，并提供给他们其所需的帮助。一个具有凝聚力的团队，在商场竞争中的力量势必不容小觑。

温情管理具体到工作中，无论是制度安排、环境布置还是管理者的语言态度，都应坚持以人为本，除了坚定维护员工的人格尊严外，还要尊重员工的合法权益，重视他们的劳动成果。

而对一个优秀的企业管理者的要求，还不只以上这些。他们不仅要关心员工的工作，还要关心他们的生活；不仅要关心员工的现在，还要关心他们的未来；既要在平时关心员工，更要在关键时刻给他们体贴与帮助；甚至还要关心员工的家属。当员工过生日、结婚生子、乔迁之喜时，领导可以通过各种方式代表企业表示祝贺；员工出差时，领导要考虑是否帮助其安顿家属的生活，必要时可派专人负责；员工或其家人生病时，领导要及时批假、探望或适当减轻其工作量；员工的家庭遭遇不幸，领导要及时伸出援手，以解燃眉之急，甚至发动大家给予帮助，以解除员工的后顾之忧。

一朝一夕的南风融化不了员工的心灵，南风长吹才能营造一个“心齐、气顺、劲足、家和”的工作氛围，让工作充满愉悦，企业也必定会因此无往不胜。

首因效应：占据他人心中有利地形

詹姆出门去买文具，阳光照耀着他和两个朋友行进在马路上，他们边走边晒着太阳。詹姆走进一家文具店，里面挤满了学生，他一边等待着店员注意到他，一边和一个熟人聊天。詹姆买好文具向外走，这时遇到了一个朋友，他于是停下来和朋友打招呼，相互告别后詹姆走向学校。在去学校的路上，詹姆又遇到了一个前天晚上结识的女孩子，他们聊了几句就分手告别了。

放学后，詹姆独自离开教室走出校门，在回家的路上，阳光非常耀眼，詹姆走在马路阴凉的一边。他看见前天晚上遇到过的那个漂亮女孩正向他迎面走来。詹姆穿过马路进了一家速食店，店里挤满了人，他注意到几张熟悉的面孔。詹姆安静地等待着，直到柜台服务员注意到他，他才点了饮料，坐到靠墙边的一把椅子上安静地喝着，喝完之后就回家了。

美国社会心理学家洛钦斯将这两段故事进行了排列组合：

第一种排列方式是将描写性格热情外向的詹姆的材料放在前面，描写他性格内向的材料放在后面；第二种是将描写性格冷淡内向的詹姆的材料放在前面，描写他性格外向的材料放在后面；

另一种是只出示那段描述詹姆热情外向的材料；

还有一种是只出示那段描述詹姆冷淡内向的材料。

洛钦斯将这几种不同组合方式的材料，分别拿给水平相当的中学生阅读，并让他们评价詹姆的性格。调查结果表明，第一组被试者中的78%认为詹姆是个热情外向的人；第二组被试者中只有18%认为詹姆是个外向的人；第三组被试者中有95%认为詹姆是外向的人；而第四组只有3%认为詹姆是外向的人。

洛钦斯由此提出了首因效应，也叫首次效应、优先效应或第一印象效应，由此说明了第一印象对认知的影响，也就是“先入为主”的道理。在首因效应中，情感因素的认知往往起着决定性的作用。因此，这些第一印象虽未必准确，却是最鲜明、牢固的，并决定着双方日后交往的进程。人们大多喜欢那些友好、大方、随和的人，因为每个人都渴望得到他人的注意和尊重，这个特点在儿童身上表现得尤为明显，他们都对第一次见自己就笑眯眯的人很有好感，如果再得到赞扬，他们就会更加开心。反之，人们对那些第一次见面就感到反感的人，即使日后不得不来往，也会表现得很冷淡，甚至在心理或行为上与之产生对抗。

通常来说，与一个人初次见面，45秒钟内第一印象就会产生。在生活节奏飞快的今天，很少有人愿意花时间去了解一个留给他第一印象并不十分美好的人。第一次见面时，对方的性别、年龄、体态、谈吐、神情、衣着打扮等，通常都会让人们念念不忘，并依此作为判断对方素养和个性的依据。

林肯就曾因第一印象不佳而拒绝了友人引荐的一位才识过人的议员。当那位友人愤怒地指责林肯以貌取人，没有人能为自己与生俱来的外貌负责时，林肯说：“一个人在40岁后，就可以为自己的外貌负责了。”虽然林肯以貌取人的做法是否合理有待商榷，但这也让我们明确了一个事实，第一印象的确影响巨大，无论外在或内在的修养，我们都应该格外注重。

在人际交往中，首因效应起着非常微妙的作用，如果能成功地掌握并利用好首因效应，开创良好的人际关系也就十拿九稳了。

既然首因效应在人际交往中如此重要，我们完全可以充分利用它帮助我们完成漂亮的自我推销：初次见面时，首先应面带微笑，这样可以给对方留下热情友好、诚挚的印象；其次应仪表整洁，这样可以给对方留下严谨、有修养的印象；另外，应使自己的言谈、举手投足显得可敬可爱；最后应尽可能发挥聪明才智，给对方聪慧伶俐的印象。一个深刻、良好的第一印象，可能会左右对方在未来很长时间里对你的判断。尽管这种良好印象并不一定能始终延续，却对我们的自我推销大有裨益。

《三国演义》中有这样一个故事：凤雏庞统打算效力东吴，于

是前去面见孙权。可孙权见庞统外貌粗陋，傲慢不羁，于是不顾鲁肃的苦言相劝，将这位可比肩诸葛亮的奇才拒之门外。

个中原因，并非庞统无能，也不是孙权不爱才，而只是庞统没能给孙权留下个好的第一印象。

当我们参加面试，或是与某个重要的人第一次打交道之前，总能听到来自身边人这样的忠告："要给人家留个好印象哦。"对初次相识的彼此而言，对方都是一张白纸，第一笔涂抹上的色彩总是最清晰明了的。随着接触的增多，人们还会寻找更多的理由去支持这种色彩的印象，往往会由此形成一种心理定式。

虽说"日久见人心"，但首因效应却决定着对方是否愿意去了解你。烽火猎聘的资深顾问就曾指出："保持和复现，很大程度上依赖于相关心理活动第一次出现时注意和兴趣的强度。"

微笑是人类最美的语言，真诚的微笑，神采斐然的双目，加之眼神的交流，会传递出友好的情谊，很快打开陌生人的心门。

一对结婚多年的夫妻，丈夫也许不会记得妻子昨天穿的衣服，但却还记得初次见面时妻子的穿着、站立的姿态。因此，一个良好的第一印象，或许也是开启你人生新篇章的钥匙。

换位思考定律：关心是关系最温柔的纽带

一对夫妇乘车去游山，他们在中途下车。后来，他们听说当时车上其余的乘客没走多远就遭遇了山体崩塌，无一幸免，全部丧生。

女人说：“咱们真幸运，幸好及时下车了。”男人说：“不，正是由于咱们的中途下车，车子停留才延误了他们的行程。不然，他们也就不会恰巧那时经过山崩的地点了。”

在这个世界上，没有任何人是孤立存在的，一定会与他人产生联系。设身处地地为他人着想，其实也是为自己考虑。社会的结构模式，就是通过人与人的合作互助搭建起来的。自私自利的人，自作聪明地避免了吃小亏，可他失去的却是难以重建的尊重、信任、友谊甚至更多。换位思考是人际关系学中一条重要的定律，它要求人们在交往中，本着与人为善的原则，多站到对方的立场，尽量让对方感到愉悦，先换位，再思考。

孩童时期的记忆中，大人们常有这样的叮咛：有好吃的记得分给小伙伴们一起吃，有好玩的玩具记得和小朋友们一起玩，小朋友要懂得分享。“如果你看到别的小朋友吃好吃的，但他没有跟你分享，你会不会不开心呢?”这种朴素的换位思考教育根植于我们的幼年，那时的我们也会因为分享而感到开心。

长大以后，我们需要学习的很多东西其实都是作为孩子时的本能，比如想象力，比如这种因分享而生的简单快乐。成人的换位思考心理之所以逐渐淡化，是不断滋生的自私和贪念在作祟，我们渐渐变得贪婪并欲望无穷。看到好处就想独占，自己得利十分，也不愿意分别人一厘一毫，哪怕是对方应得的部分都想方设法独占，更不用说主动分享。

中国“己所不欲，勿施于人”的古训，与西方《圣经》中“你希望别人怎样对待你，就先怎样对待别人”的思想不谋而合。人与人的交往，需要将心比心。只有当你站在对方的立场看待事情，以对方的心境思考问题，才能理解对方的想法和感受，从而得到更为客观的观点，拥有更宽广的胸怀。

一个圣诞节，年轻的妈妈带着六岁的女儿去看繁华的街景。那位妈妈一个劲儿地说：“宝贝，你看这儿多美啊!”小女孩却很烦躁，说：“我什么美都看不到!”妈妈有些着急：“你怎么会看不到?你看那些漂亮的五彩灯、圣诞树，还有琳琅满目的圣诞礼物……”女儿有些委屈：“可我真的什么都看不到呀。”

这时，女儿的鞋带松了，妈妈蹲下来替她系鞋带。当妈妈系好鞋带，恰好抬起头时，却发现蹲下来与女儿视线齐平的自己，除了前方女士的格子裙，满目人潮涌动的裤子和鞋子外，什么都看不到。

当别人给了你不想要的答案时，尝试着从对方的视角看出去，或许就会发现你没错，但他也是对的。贝尔奈曾说："不会宽容别人的人，是不配得到宽恕的。"换位思考的实质，是一种理解与宽容，是心与心的交流与谅解。站在自己的角度去判断事情的对与错、是与非，难免会得出错误的主观臆断。

天上飞的鸟儿，理解不了地上笨拙爬行的蜗牛；地上爬的蜗牛，理解不了天上浮躁飞翔的鸟儿。鸟儿不知道，爬行并不笨拙，而是稳健；蜗牛也不知道，飞翔并不浮躁，而是自由。

世上所有的事情并非都是狭路相逢勇者胜，多换位思考，懂得照顾他人的感受，一起分享，你才会发现付出之后的所得远大于你原本可以得到的。独食并不美味，真正聪明的人从不会吃独食。他们非常懂得换位思考，知道利益要均沾，独享的利益定难长久。

有位果农培育出一种皮薄、肉厚、汁甜的鲜桃新品种。这个新品种一上市，就引起销售商的热烈追捧，纷纷抢购。这位果农因此发了大财。附近的果农们都十分羡慕，他们也想引进这个新品种，于是便与这位果农商量。可是，这位果农担心他们会抢了自己的生意，断然拒绝了引进的要求。

然而到了第二年收获的季节，这位果农的果子质量却大不如头一年，还有些遭遇了虫害。销售商都取消了与他的供货合作。果农很沮丧，怎么都想不通自己的果子为何质量下降得如此严重，于是他就去向当地的农科站专家请教。

专家仔细询问了果树的生长情况以及果园附近的种植情况后告诉果农："果树开花时，蜜蜂、蝴蝶和风传播授粉，将新旧品种杂交，新品种的质量由此下降。"

果农又问："那要如何解决呢？"专家回答："很简单啊，你只要让附近的其他果农也种植这个新品种的鲜桃，就可以避免这种情况了。"果农恍然大悟。回到家后，他主动请附近的果农都引进自己的新品种。一年后，这位果农又一次大获丰收。

人与人之间的相处，大多数时候并不是非你即他的单项选择题——有你没他，有他没你；而是道多项选择题，既可以有你，也可以有他，若处理得当，往往能够实现双赢。

关心是关系最温柔的纽带，你的关心换来的必然是对方的真诚与信任，这就为良好的关系打下了有利的基础。反之，若是遇事时每每优先考虑到自己，不仅难有收获，甚至会失去你十分珍爱的东西。

有位年轻的士兵在战场上误踩了地雷，永久失去了一只胳膊和一条腿。他痛苦万分，深爱着他的父母，成为他活下去唯一的精神支柱。可父母会如何看待缺胳膊少腿的他呢？他决定给父母打个电话，再做打算。

可怜的士兵拨通了家里的电话："爸爸妈妈，我要回家了。但我希望带位朋友一起，你们会介意吗？"父母欣然同意："当然不会啊，孩子。我们也很高兴能见到他。"士兵接着说："但这位朋友有点特别……他在战争中失去了一只胳膊和一条腿。他无处可去，他可以和我们一起生活吗？"父母立刻回答道："哦，听到这件事我们也很遗憾。但一个残疾人会给我们的生活带来沉重的负担，我们不能让他干扰到我们的生活。快回家来吧，孩子，忘掉这件事，他要不了多久就会自己找到活路的。"

几天后，年轻人的父母接到警局电话，他们的儿子坠楼身亡了。当悲痛欲绝的父母看到儿子的尸体时，他们惊呆了——他们的儿子只剩下一只胳膊和一条腿。

当灾难在别人身上上演时，它永远只是故事；而世界是公平的，当它有一天发生在自己的身上时，就变成了事故。因此在别人需要帮助时，适时伸出援手，以你希望被对待的方式对待别人，世界于你，就变成了充满惊喜的万花筒。

需求定律：欲取先予，以退为进

最擅长经商的犹太人，在交易自己的劳动成果时常会背诵一段祷告，来感谢上帝创造出这些拥有需求的人。这些祷告让犹太人认识到，帮助别人满足需要，是一种值得尊重的生活方式。当你满足了他人的需要，接受报酬是情理之中的事，这些报酬见证了你对别人的帮助。

天下没有免费的午餐，当你有所需求时，先去想想对方需要什么，满足了对方的需要，你的需求也自然会得到满足。

小时候的华盛顿是个很自私的孩子，他16岁那年，家门口的苹果树结出了又小又苦的果子。华盛顿跟父亲说："爸爸，我们把这棵苹果树砍了吧，苹果一点都不好吃。"他的爸爸回答道："如果要砍也等到明年的这个时候吧。"当时，华盛顿不解，就问父亲为什么。父亲笑着解释道："等明年的这个时候你就知道了。"

到了第二年，树上的苹果又成熟了，不同的是，这次结出的果子又大又甜。华盛顿高兴的同时，也感到奇怪，他问父亲："爸爸，为什么今年的苹果又大又甜，跟过去完全不一样啊？"父亲回答："孩子，这一年里我经常给这棵苹果树施肥、锄草，才有了现在又大又甜的苹果啊。”

这件事在华盛顿心里发了芽，他日后常记得父亲和那棵苹果树教他的“欲取先予”的道理，成为美国历史上非常了不起的一位总统。

心理学上有一个概念，叫“自重感”，简单来说就是让一个人觉得自己很重要，是一种对自我的认可与热爱。你可以用一支左轮手枪顶在一个人的胸口，让他乖乖交出他的钱夹；你也可以用鞭笞、恫吓，让一个小孩子听你的话行事。但这些粗暴手段的弊端，可能远远大于你一时得到的满足。而让一个人心甘情愿做任何事的唯一办法，就是满足他的自重感，即给他所需要的。

在竞争激烈的商场，只有懂得满足消费者需求的企业才能立于不败之地。1984年创立于青岛的海尔，至今仍在世界家电品牌中占有一席之地，满足消费者的需求是它永恒不变的第一宗旨。无论城市还是乡村，中国还是海外，海尔总能针对消费者的不同需求，研发出适合他们的产品，公司也因此收入颇丰。

位于美国西部的加利福尼亚州发现金矿时，各地淘金者蜂拥而至。亚莫尔也怀着淘金梦来到加州。

然而事实远不及传说美妙。这里遍地的不是黄金，而是一望无际的沙漠。人们的疯狂开采，加之还在陆续涌来的淘金者，让这里的黄金几乎消失殆尽，他们中的绝大多数，连一块金子都找不到。可长途跋涉而来的淘金者们却不甘心，他们坚信明天幸运就会降临到自己头上。

荒漠气候干燥，每年的降水量少得可怜，包括亚莫尔在内的淘金者都为奇缺的水源所苦，整日怨声载道。

亚莫尔听着这些抱怨，转念一想：既然淘到金子的希望如此渺茫，而人们又都需要水，我何不去卖水呢？

于是，亚莫尔毅然放弃淘金，来到距离小镇30里外的一条小河挑水，再将水过滤，每日挑回矿区去卖。

几个月后，大多数淘金者空手而归，还花光了身上的全部积蓄。而亚莫尔却在这几个月里赚到了5000美元！

无论是一个企业，还是一个人，在双赢的基础上，不妨让对方先赢。就像钓鱼一样，先放出鱼饵，才能诱鱼上钩。生活中，总有人打着自己的小算盘，不肯付出，只想得到回报。他们处心积虑地占小便宜，却在不知不觉中吃了大亏。而还有一些人，他们处处替别人着想，先人后己，却往往得到了尊重、财富和名望。吃亏是门大智若愚的学问，另一角度来说其实是对方心甘情愿地在满足你的需求。

欲取先予的道理，说起来容易做起来难。人天性中都有自私的部分，谁甘愿先为别人付出？而能否得到回报还是个未知数呢！而那些真正成就大业的强者，却从不会在乎这些。他们坚信有付出就会有回报，生活是公平的，即使它没有回报你当时所需，也会以另一种方式给你报偿。

你拒绝付出的同时，也是在拒绝回报。虽然你什么都没失去，可也什么都得不到。很多时候，别人的需要有待你去发现，这种捕捉对方观点的能力极大程度上影响着你能否建立一个成功的人际网。

有一个故事想必是大家耳熟能详的，而之所以反复强调是因为这其中的道理并不容易做到：

一个天真的孩子想知道天堂和地狱为何物，便去请教一位哲学家。哲学家把孩子领到一间屋子，屋子里有一个很大很深的池子，一群老者围池而坐，在用很长的勺子十分费力地从池中舀汤喝。尽管汤的香味飘散在空气中，这些老者却个个瘦骨嶙峋。哲学家告诉那个孩子，这就是地狱。

紧接着，哲学家又带孩子来到了另一个地方。同样深阔的池子，同样鲜美的汤汁，同样长长的勺子，不同的是，每个人都喝到了池中的汤。他们个个神采奕奕，用长勺子互相喂对方喝汤。小孩若有所悟地说："我知道了，这就是天堂。"

天堂之路往往由付出铺就，地狱中的饿鬼心中只有自己，想来他们定是"人不为己，天诛地灭"的忠实信徒。

所谓自私，除了不肯为他人着想的主观原因外，可能也有很大一部分原因是无法发现别人的需求。心理学研究说，人的意愿只有30%是通过语言来表达的，更多则是通过肢体和眼神。当你希望某人做某事，先问自己：“我怎样才能让他想要做这件事?”通过观察诉求对象的需求，可以更好地摸准对方的脉搏，先满足对方，自然能够再满足自己。

有人说：“世界上最难征服的是人心，最易打动的也是人心。”给对方想要的东西，永远是获得他人欣赏的不二法门。需求定律告诉我们：当一个人的需要同时满足另一个人的需要时，这两个人就趋于互相喜欢。当你放弃从别人那里得到，先去满足别人想要的想法，采取以退为进的策略，你就能收获回报。

钥匙理论：交往先交心，真心换真情

美国一家汽车轮胎公司的总经理肯特先生，一次在酒店喝酒时，无意之中碰到了一位酩酊大醉的年轻人。肯特先生无意的碰触激怒了他，他借着酒劲撒起了酒疯，对肯特先生大打出手。幸亏酒店经理劝阻及时，才没有让更糟糕的事情发生。

事后，肯特得知那个伤害他的年轻人是个技术高手，创造了一种能增强轮胎强度的新型工艺，并申请了专利。可是他联系了好几家生产汽车轮胎的厂家推销自己的专利，却都碰了钉子。他就在附近一家工厂工作，因为心情压抑，才经常到酒店里喝酒。

肯特获悉这些情况以后，决定对年轻人那天在酒店里的所为既往不咎，并聘请他来自己的公司工作，因为他正缺少一个像这样有创造力的助手。

几天后的早上，肯特早早地来到了那位年轻人所在的工厂门口等年轻人出现。可是这位年轻人遭遇过太多冷遇，早已心灰意冷，不愿再对任何人说起自己的发明创造。所以，对于肯特向他提出的条件，他连理都没理，就径直向工厂里走去。

肯特并没有就此放弃，他一直守候在工厂的大门口。

午休时间，肯特看到下班的工人一个个走出工厂，唯独没有看见那个年轻人。后来经过打听才知道，原来那个年轻人做的是计件工作，上下班都没有固定的时间。

这一天，冷风刺骨，但肯特一直等在那个工厂的大门口没有离开，因为他怕他离开的那一会儿工夫，恰好就是年轻人下班回家的时间。

肯特就这样忍饥挨饿，从早上八点钟，一直等到晚上六点钟，才见到那个年轻人走出工厂。这一次，年轻人并没有像早上那样对肯特爱答不理，而是在听肯特讲完合作有关事宜后，痛快地与他达成了合作的意向。

从早上到晚上不过几个小时的间隔，这个年轻人何以有这么大的变化？原来，他在去吃午饭的时候，看到了等在门口的肯特。肯特一整天不吃不喝，在寒风中等了他近十个小时，这让他深受感动，所以才会痛快地答应与肯特的合作。

两个人达成合作意向后，工作得很愉快，年轻人找到了施展自己才华的广阔天地，而肯特的公司也推出了新的轮胎产品。新产品投入市场后，非常受消费者的欢迎，肯特也因此赢得了巨大的经济利益。

从上述的故事中可以看出，肯特以诚待人，以情感人，打动了那位年轻人，才会促成最终的合作。如果肯特没有那份诚意在寒风中等待了近十个小时，年轻人还会和他合作吗？人与人的交往，不需要太多的技巧，一片真心就是最好的技巧。

当你抱怨别人不理解你时，尝试着先打开自己的心门；当你抱怨别人不是真心与你相交时，尝试着先视对方为挚友。冷若冰霜的人，也终有一天会被真情实感融化。希望别人喜欢上你的最好办法，是先喜欢上对方。交付出你的真心，才能换得别人的真心。

有三兄弟听说在森林的深处有一座城堡，里面堆满了宝物，他们决定前去寻宝。

老大准备了一把力大无穷的铁锤，老二拿了一把聪明无比的钢锯，老三却只挑了一把并不起眼的钥匙。

兄弟三人来到森林，找了三天三夜才终于找到传说中的城堡。那个神秘的城堡有着高高的城墙，坚实的城门，门上还有一把沉重的锁。他们经过商议达成共识，想要进入城堡，唯一的办法就是打开城门上的锁。可是该如何打开呢？兄弟三人犯了难。

这时，力大无穷的铁锤最先毛遂自荐："主人，我力大无穷，定能敲碎这门上的锁。"老大也对他的铁锤充满信心，便让两个兄弟退后，自己举起铁锤向城门上的锁砸去。然而，无论老大如何用力，那锁依然纹丝不动。

聪明无比的钢锯着急了，对老二说："这样硬砸不是办法，要用巧劲才行。主人，让我来试试看。"老二听完，拿起钢锯上前，找出最容易锯断的地方，用最省力的办法开始锯锁。可无论老二如何取巧，那锁还是纹丝不动。

这时，那只最不起眼的钥匙突然开口了："主人，让我来试试。"老三还没来得及说话，铁锤和钢锯就叫嚣道："我们这么强壮、聪明都不行，就凭你那弱不禁风、呆头呆脑的样子，还想打开锁？"老大老二也觉得此事不可靠，但老三还是决定一试。

老三把钥匙插入锁眼，只轻轻一扭锁就开了。众人都很惊讶，只有钥匙云淡风轻地说："这没什么，只是我懂它的心罢了。"

攻破铜墙铁壁的往往是真心，抵过千军万马的往往是真情。共鸣就在心与心的碰撞间产生。今天的社会或许是浮躁的，所谓的成功学在大刀阔斧地谈论着与人交往的技巧，人们用技巧搭建出一个“真心”，试图骗过他人，也骗过自己。殊不知，最能打动人心的美文，是真情的流露；最动人心弦的表演，是实感的演绎。真情实感是一种态度，更是一种品性。层层包裹着的真心，永远换不到知心的朋友。

真诚待人是最基础的待人之道，更是最高明的处世之道，所谓“爱人者，人恒爱之”是也。

阿默斯太太是罗斯福总统的黑人女仆。一次，她向罗斯福询问鹑鸟的样子，因为她从未见过鹑鸟，希望罗斯福总统为她描述一番。罗斯福总统答应了。

阿默斯太太到家没多久，就接到了总统先生打来的电话。

他说，她家窗外刚好有一只鹦鸟，如果她向外看，一定会看到。

我们之所以会觉得孩子、动物和自然可爱，正是因为他们那不加伪饰的真，触动了我们内心的柔软。无可否认，这个世界充斥着危险、欺诈，因此更需要真情实感的调剂。这个世界原本就是可爱的，或许你改变不了世界，但至少你能约束自己。

电影《律政俏佳人》中的小女孩，之所以能在司法界和政界取得成功，就是因为她从未忘记人类最根本的东西——真与善。很多律师为了打赢官司往往不择手段，很多官员为了平步青云往往不顾一切。这个小女孩却用实际行动警醒了他们，唤醒了他们的良知。

能在物欲横流中独善其身已是不易，若能再以真诚的力量去感染他人，尽自己所能去唤醒更多的真善美更是难能可贵。交往不是技巧的过招，真心换真心，才是大英雄。这是最简单也最有效的社交法则。

互惠定律：礼尚往来，人情互惠

尼泊尔高原的雪地上，刺骨的寒风挟着暴风雪扑面而来，让人睁不开眼睛。一个男子在雪地上孤零零地走了很久，只留下身后一串深深的脚印陪伴着他。男子始终不见人迹，他继续走着，另一条路上突然走过来一位旅行家。寂寞的大雪天遇到一个同道中人，他们自然而然地成了旅途中的伙伴。

有了同伴的旅程，自然安心许多，为了保存热能，两人只是默默地走着路，并没有过多交谈。在路上，他们看到一位倒在雪地里的老人。如果置之不理，老人就会被冻死。但如果选择救老人，他们自己也说不准能否顺利走完下面的路。男子对同伴说："我们带老人一起走吧。"同伴看了看老人，冷漠地说："这种鬼天气，我们自己能活着走下去就不错了，谁还能顾得了他呀！"说完就独自走了。

男子无奈，只得独自背起老人继续前行。不知走了多久，男子的全身都被汗水浸湿了，老人慢慢地恢复了知觉。两人彼此依靠，相互取暖，抵挡凛冽的寒风和暴雪。

当男子和他背上的老人看到村庄的时候，两个人脸上浮现出微笑。距村子还有四五千米的地方，路边躺着一具已经冻僵的尸体。男子走近一看，不由唏嘘走开。原来冻死的正是他半路上遇到的同伴，这个距离村子仅四五千米的地方，成了他的长眠之地。

爱默生曾说："人生最美丽的报偿之一，就是你真诚地帮助别人之后，也帮助了自己。助人就是助己。"故事中的男子付出了许多汗水，甚至不顾自己的安危。作为回报，老人用身体替他抵挡严寒。生命就像是一种回声，你所传递的即你所收到的。

在通常的认知中，我们更愿意接受朋友或喜爱的人的请求，但"互惠定律"否定了这个常识。康奈尔大学的教授丹尼尔·雷根通过实验证明，当人们接受了他人的小恩小惠，会由此产生"负债感"，以及强烈的"我需要为他做点什么"的偿还心理，哪怕对方是自己并不喜欢的人。雷根教授由此提出了心理学上的"互惠定律"。这个实验是这样的：

首先，雷根教授邀请一些志愿者对一些画作进行评分。他让自己的助手乔也混了进去，并和每位志愿者搭讪、拉近关系。

当部分志愿者评分时，乔会离开几分钟，然后带两瓶可乐回来。他把其中一瓶可乐送给一位志愿者，另一瓶留给自己，同时告诉志愿者："我刚才问主持人能否去买瓶可乐，他同意了，我顺便也给你带了一瓶。"

而当另一部分志愿者评分时，乔则什么也没做。

等到每一位志愿者都评好分，这场"艺术欣赏"的主持人借故离开了房间。这时，乔走上前对志愿者们宣称，自己正在销售一种新型彩票，如果他的销售额第一，公司就会奖励他50美元。乔请志愿者们帮忙买几张彩票。

其实实验到此时，才显示出了真正的目的：比较两组实验对象从乔那里购买的彩票数量。结果表明：收到乔赠送的可乐那一组所购买彩票的数量，远大于没有被赠送那一组。

更有趣的是，实验结束前，雷根教授让志愿者们填写了一份表格，以分析他们对乔的喜爱程度。事实证明，没有收到可乐的那一组，购买彩票的意愿与对乔的喜爱程度成正比。而收到可乐的那一组则恰恰相反。简单来说，无论他们是否喜欢乔，都表现出了强烈的购买彩票的意愿。

古语有云："投我以桃，报之以李。"这种互惠心理来源于人类社会早期形成的本能。考古学家理查德·利基指出，人类之所以成为人类，正是由于这种互惠系统，让"我们的祖先在一个公平的偿还网络中分享着他们的食物和技能。"它体现着人际交往中的一个重要准则——礼尚往来，人情互惠。

"给予会被给予，剥夺会被剥夺；信任会被信任，质疑会被质疑；爱会被爱，恨会被恨。"人际交往的本质实际上就是一个社会交换的过程，即事换事的过程。长久以来，很多人竭力避免将人际交往与交换相联系，认为在交往中谈及交换是很庸俗的，会亵渎人与人之间真挚的感情。这种想法显然有些罔顾实际。

人与人之间的互动像坐跷跷板，需要高低交替的平衡。一个永远不肯吃亏让步的人，只能得到一时的好处，长此以往，势必会被疏远排斥。而一个知恩图报的人，一路播种的善意，终究会结出甘甜的果实。

现代社会中，很多人办事都希望立竿见影，不愿主动付出，这在人与人的交往中表现得尤为突出。然而想要有求于人，就必须先给予对方恩惠。

第一次世界大战中，为了刺探敌方军情，各国都训练了一批特种兵，深入敌后抓来俘虏进行审讯。

当时，协约国与同盟国两大军事集团陷入了漫长的堑壕战，双方常派人穿过两军对垒前沿的无人区。

一次，德国侦察兵汉斯熟练地潜入英法联军的战壕，一个落单的英国兵正在吃东西，他看到汉斯时大脑一片空白，本能地举起一片面包递给汉斯。汉斯也正处于高度紧张，本能地接下了面包。

英国士兵反应过来后没来得及举枪就被汉斯缴械了，然而汉斯并没有将他绑回营地。汉斯在不知不觉中受到了互惠法则的左右——既然接了面包，就必须做出报答，哪怕对方是敌人。

受惠于人会给人造成一种压力，让人迫不及待地想要卸下这种压力，因此痛快地给出比我们所得到更多的回报，以使自己得到心理上的解脱。这是人类社会根深蒂固的行为准则。

著名社会心理学家霍曼斯的"社会交换理论"指出，人际交往中总是在交换着某些东西，或是物质上的，或是感情上的，或是其他方面的。假如你希望别人为你办事，就得先估计自己有没有什么东西能作为交换条件。贸然开口向人求助，很多时候只会自讨没趣。

礼尚往来是人际交往中不成文的规矩，近也好，疏也罢，切忌理所当然地享受着一方的付出，而不能保持一种利益的均衡。一旦利益均衡被打破，关系势必走向破裂。

生活中想必各位都有这样的体验：当你恳求一个人为你办事时，对方并不情愿。但如果你了解了互惠心理，主动满足对方的欲望，他就会很痛快地帮助你。

如果是关系密切的朋友，他也许会欣然应允。你可以不必当时回报，让关系显得生疏。但你要多为对方考虑，适时找机会以另一种方式回报对方。总之，不论多么密切的关系，都不能心安理得地接受对方的赠予，而应适时回报。当然，生活也从不会亏待每一份不求回报的主动给予。

登门槛效应：得陇望蜀，层层递进

1966年，美国心理学家弗雷德曼与弗雷瑟曾做过一个实验：他们派人随机访问一组家庭主妇，请她们在一份“安全驾驶”的请愿书上签字，家庭主妇们愉快地接受了。

过了一段时间，他们再次访问这组家庭主妇，希望她们将一块写着“谨慎驾驶”的大招牌放在自家庭院里，结果有55%的家庭主妇同意了。

与此同时，他们又随机访问了另一组家庭主妇，直接提出将

那块粗笨难看的招牌放到她们的庭院里，结果只有17%的家庭主妇同意。

弗雷德曼和弗雷瑟由此提出了“登门槛效应”，又称得寸进尺效应。它指的是个体一旦接受了他人一个微不足道的要求后，为避免认知上的不协调，或想给他人以前后一致的印象，就有可能接受对方更大的要求。

实验中第一组家庭主妇，为了保持自己“关心交通安全”的形象，才会进一步接受在她们的庭院里竖起那块粗笨难看的牌子的要求。

在人际交往中，当我们希望某人做某件较大的事情，又担心他不愿意去做时，可以先向他提出做一件类似的、较小的事情。这种现象，犹如你看到一座高峰，你觉得登顶遥不可及。然而当你一级级地拾级而上，也就能更容易、更顺利地登上高处。

女记者帕兰要去采访一位重要人物，想请他就海洋动物保护问题发表15分钟的广播讲话。但这位大人物非常忙，如果直接提出占用他15分钟的时间讲话，他极有可能拒绝。于是帕兰运用了登门槛效应。

帕兰先给那位大人物打了个电话：“您好，很抱歉在百忙之中打扰您。我们想请您就海洋动物的保护问题谈谈看法，只要三分钟就够了。听说您每天下午四点都会准时去散步。如果可以的话，我想是不是可以在今天下午的这个时间去拜访您?”

结果帕兰三分钟的小要求（而且是在对方散步时进行的）被大人物接受了，帕兰如约前往，采访于是日下午4时准时进行。当她从这位大人物的私宅出来时，时间已经整整过去了

20分钟。也就是说，这位重要人物和帕兰整整谈了20分钟！

在现实生活中，登门槛效应的运用十分广泛。比如，在教育中，教师通常会对成绩不好的学生先提出一个较低的分数要求，在他达到那个要求后再慢慢鼓励，提出下一个要求，由此一步步促进学生成绩的提升。

推销员们也常常使用这种技巧来说服顾客购买商品。成功的推销员通常不会直接向顾客推销自己的商品，而是先向顾客介绍产品，再指出其特别之处，接下来说说这位顾客不得不购买该商品的理由，从而一步步达成推销目的。

如果此时这位顾客依然没有购买商品的欲望，他可先赠送试用装，很少有人会拒绝。如果试用装的使用效果还不错，顾客以后自然会主动购买。

而在管理学上，当你希望下属做某件较难的事情时，可以先交给他一件类似的较小的事情。同样，对于一个新人，不要直接对他们提出过高的要求，可以先提出一个比过去稍有进步的小要求，当他们达到这个要求后，再通过鼓励，逐步向其提出更高的要求。

当一个男孩在追求心仪的姑娘时，如果直接提出“我希望跟你共度一生”，恐怕会直接把姑娘吓跑吧。而先提出一起吃饭、看电影、游玩等小要求的话，反而更容易实现共度一生的愿望。

不过另一方面，我们也要看住自己的“门槛”，懂得适当地拒绝，不要中了“登门槛”的招。

此外，我们自己在做事情的时候，也可以借鉴登门槛效应，把一个大的、较难实现的目标拆分成若干小的、较易实现的阶段性目标，通过对这些小目标的逐步达成，来完成心中那个大的目标。让我们来看看日本的一位马拉松运动员是怎样做的：

> 1984年在东京举办的国际马拉松邀请赛上，一位名不见经传的日本选手山田本一出人意料地夺得了世界冠军。当记者问他凭借什么取得如此惊人的成绩时，他如此回答："我是凭智慧战胜的对手。"
>
> 10年后，这个谜团才终于被解开。山田本一在他的自传中说道："每次比赛之前，我都要乘车把比赛的线路仔细看一遍，并把沿途比较醒目的标志画下来，比如说第一个标志是银行，第二个是一棵大树，第三个是一座红房子，像这样一直画到赛程的终点。
>
> "比赛开始后，我就以百米冲刺的速度奋力向第一个目标冲去，等到达第一个目标后，我又以同样的速度冲向第二个目标。四十几公里的赛程，就这样被我分解成若干小目标，轻松地跑完了全程。起初，我并不懂这个道理，我把我的目标定在四十几公里处的终点线上，结果每次跑到十几公里时就疲惫不堪了，我被前面那段遥远的路程给吓倒了。"

当你把一个大的目标拆分为一个个易于达成的小目标，脚踏实地地前进，每实现一个小目标，都能体会到成功的喜悦。这种成功的喜悦是你前进道路上的助燃剂，将充分调动你的潜能去向下一个目标迈进。很多人之所以半途而废，并非事情的难度太大，而是觉得成功太遥远。

回到人际交往中，"登门槛"可谓一种迂回策略，当你在寻求他人帮助时，如果起初就狮子大开口，自然容易遭到对方的拒绝，而只先提出一个小的请求，再循序渐进，虽然目的都是一样的，其结果却很可能大相径庭。

1975年，心理学家查尔蒂尼为一个慈善机构组织募捐，他不过是多说了一句“哪怕一分钱也好”，就多募捐到了一半的钱物。为此，查尔蒂尼分析道：

> “当你对人们提出一个非常简单的要求时，人们通常难以拒绝，因为他们害怕被认为不通人情；当这个小要求被接受后，你再去提出更大的要求，一般也就更容易被人们接受。其中的原因在于，人们在接受一个请求后，对于更大的请求往往不会觉得那么困难，或是不好意思再拒绝——这很可能破坏他起初建立的温和形象。”

第五章

人性定律——光辉与弱点并存

皮尔斯定理：无知是有知的开始

皮尔斯定理是由美国著名科学家、“卫星通讯之父”约翰·皮尔斯提出来的。它的内容是：我们只有意识到无知才会进步，才会充满活力。

再具体解释就是，做人贵在有自知之明，要清楚看到自己的不足和无知。只有意识到自己的不足和无知，才会主动去学习，也由此才会获得进步，也就是说无知是有知的开始。

在古希腊一座古老的神庙中，一块匾额上刻着一句意味深长的话：认识你自己！

大哲学家苏格拉底对这句话做出了一个同样意味深长的诠释：“我唯一知道的一件事情，就是我知道自己什么也不知道！”

从这句话中，一方面我们可以看出苏格拉底谦逊的人格，另一方面也让我们感悟到他的善意提醒：人，要正确认识自己，不要骄傲自满。

有句老话叫学海无涯苦作舟，知识是无穷无尽的，永无枯竭之时，而人的精力和才能是有限的，以有限对无限，如果不抱着无知的态度，怎么能取得进步。

实际上，不但苏格拉底抱着无知的态度，大圣人孔子也是如此，他曾说："三人行，必有我师焉。"三个人中，一定有我的老师，一定有我所不了解的事情。想想看，孔子是当时最为博学的人，但他并不认为自己无所不知，反而谦虚地认为自己还有许多不知道的事情、没有掌握的知识，也由此，他曾数次问礼于老子；曾带领弟子周游列国14年，以增长见识。

孔子强调学习要不耻下问，关于这一点，有这样一个故事：

> 一次，孔子去太庙祭祖，一进太庙，他就发现一些自己之前没有见过的事物，于是就不断地去问周围的人。有人嘲讽道："不都说您学问出众，什么都知道，为什么还要问呢?"孔子听后，说："每事必问，有什么不好?"
>
> 一次，他的一个弟子问他："孔圉死后，为什么叫他孔文子?"孔子道："聪明好学，不耻下问，才配叫'文'。"弟子们私下议论："是啊！老师常向别人求教，也并不以之为耻辱呀!"

牛顿是经典力学的奠基者，他总结出万有引力和三大运动定律；在数学上，他和数学家莱布尼兹几乎同时创立了微积分学，开辟了数学上的新纪元，此外，他在经济学上同样有所建树。

对于自己的成功，他谦虚地说："如果说我的见识比笛卡尔要远一点，那是因为我站在巨人肩上的缘故。"他还对人说："我就像一个在海滨玩耍的小孩子，有时很幸运地拾到一颗光滑美丽的石子儿，真理的大海还远远没有被我发现。"

历史长河中，像苏格拉底、孔子、牛顿一样有涵养、懂得谦逊的人有很多，但更多的却是妄自尊大、骄傲自满的人。

正确认识自己不是件容易的事，往往懂的越少的人，越不能正确认识自己，越容易骄傲自满，反而懂的越多的人越是能看到自身的不足。古希腊哲学家芝诺做了一个很有趣的比喻，他用圆的面积比喻已经掌握的知识，用圆外的空白表示尚需要学习的东西，圆越大，其圆周接触的需要学习的东西就越多，所以，知道的越多，越会感到自己的无知，越是感到自己要学习的东西多。

正是因为有些人正确认识了自己，看清了自身的不足和无知，才会如饥似渴不断地学习，才会在求知的道路上不断跋涉，不断进步，最终往往成就了自己。

有些时候，认不清自己，不但不会取得进步，反而会带来危险，而自己却茫然无知，真是身在险中不知险。

春秋时期，有一段时间，越国政治混乱，兵力疲弱。楚庄王认为，这正是攻打越国的大好机会，于是就准备举兵攻打越国。这时有个叫杜子的人求见庄王。见面后，杜子问楚庄王：

“听说大王准备讨伐越国?”庄王说:“是呀，越国正兵力疲弱，此时正是攻伐的好机会。”杜子说:“自从大王的军队被秦军打败后，楚国的兵力也陷于疲弱，这是其一，其二现在楚国的政治状况也令人担忧，地方造反，官吏却没有办法制止，此时讨伐越国，您只看到了对方的不足，却没有看到自身的不足啊!”

听了这番话，楚庄王沉思起来，最后决定放弃攻伐越国。

正如杜子所说，庄王只看到对方的不足，却没看到自身的不足，抱着这样的态度去行事，哪能不遭受挫败。如果不自知，恣意行事，任意妄为，自然是很危险的。

人的天性中，确实存在骄傲自满的因子，如果不认识到这一点，不端正积极的学习态度，稍有点小成绩，就扬扬自得，妄自尊大，自满的坏因子势必恣意生长，难以抑制，最终只会自毁前程。所以，如果不想虚度人生，不想碌碌无为，请从认清自己的无知开始。

马斯洛理论：人是有需求的动物

1943年，美国心理学家亚伯拉罕·马斯洛在《人类激励理论》一文中提出了一个重大观点，即人类需求层次理论。这个理论将人类的需求从低到高按层次分为五种，分别是：生理需求、安全需求、社交需求、尊重需求和自我实现需求。

如何理解人类的这五种需求呢？

生理需求是第一层次需求，是级别最低、最基础，也是最具优势的需求，比如食物、水、空气、性欲、健康。生理需求如果没有获得满足，人是不会想其他事情的，毕竟生存是第一要务，是做其他事情的前提。

安全需求也属于低级别层次需求，包括对人身安全、生活稳定以及免遭痛苦、威胁或疾病侵害的需求等。同生理需求一样，在安全需求没有获得满足之前，人通常是不会关注其他事情的。只有在自身一系列安全需求得到一定的保障之后，其他需求才会兴起和发展。如果缺乏安全感，人往往会悲观绝望，自暴自弃，或采取其他方式寻求精神解脱。

社交需求属于较高层次的需求，是人对友情、爱情、交际等需要的体现。人生活在社会群体中，渴望与人打交道，渴望从交际中获得心理满足。如果缺乏这种满足，人格会在一定程度上受到影响，严重者会产生心理、人格畸形。

尊重需求属于较高层次的需求，通常包含两个方面，一方面是自我认可的需求，另一方面是对来自他人对自己认可和尊重的需求。人对功名、事业的不懈追求就属于尊重需求。获得这种满足，会心情愉悦，充满自信。相反，如果缺乏这种满足，人往往会变得自卑敏感，甚至会自暴自弃。

自我实现的需求，是人最高层次的需求，它主要表现在对人生至高境界的追求上，是理想主义的一种折射。这种需求，只有在前面四种需求得以满足的基础上，才能够产生。这种需求重在追求精神享受，如认为企业家应负有造福社会、造福人类的责任感，因此树立成为企业家的目标并为此奋斗不已。缺乏这种自我实现需求的满足，人通常会觉得生活空虚、人生没有意义。

马斯洛需求层次理论，在一定程度上反映了人类行为和心理活动的共同规律，它像阶梯一样，从低到高，按层级逐步加强，影响着生活在社会中的我们每个人。每个人都在遵循着这种理论要求，在满足自己的同时，满足别人的要求。

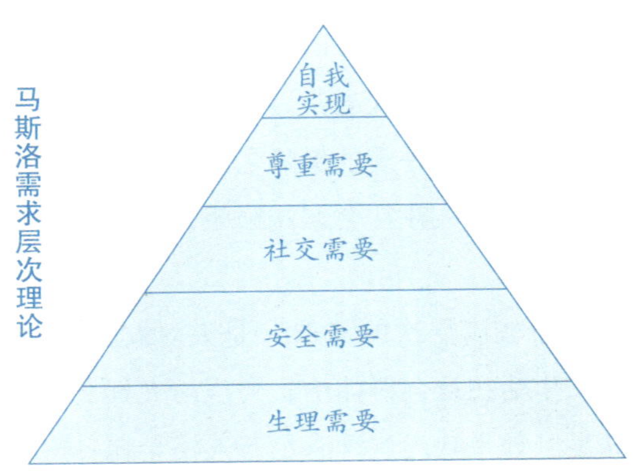

马斯洛需求层次理论要求我们：

生活中，要学会推己及人，尊重他人，以获得他人的尊重。

在企业中，适当提高员工的各项待遇，以保障员工的基本生活，同时，给予员工必要的发展空间，以调动员工的工作积极性，使其获得精神愉悦和满足感。

在家庭和学校中，要学会正确地关爱孩子，给予孩子充分受教育的机会，以发挥孩子的潜能，实现其人生价值。通常，孩子的生理需要、安全需要、社交需要都能够得到充分的满足，只有尊重需要很多时候被大人忽视，没有得到应有的满足，这就出现了需求层次上的断层，显然这是不对的。要尊重孩子的各项基本需求，才能够让孩子顺利健康成长。

虽然在理论上，应充分满足人的各层次需求，但由于人的需求是无止境的，没有尽头，所以要秉持适度的原则，不能任自己的需求过度膨胀，要不然只会让自己迷失在欲望的陷阱中无法自拔，只有适度满足需求，才会让身心得到合适的滋养，进而保证健康发展。

情绪定律：情绪影响一切

情绪是人对外界事物的内心体验，并由此对某事或某人产生肯定或否定的态度。一个人产生情绪后，生活就被笼罩上了特定的色彩。

一天，德国化学家奥斯特瓦尔德牙痛病犯了，牙痛不是病，可疼起来真要命，他情绪低落，甚至有些气急败坏。他随手拿起一位不知名的青年寄来的一篇论文粗粗地看了一下，觉得通篇都是奇谈怪论，于是更加心烦，顺手就将它扔进废纸桶。

几天以后，他的牙痛好了，心情也变得好了起来，他忽然想起几天前那篇奇谈怪论的论文，就想再仔细看一看，于是他又从废纸桶里把那篇论文找了出来，仔细地研读了一遍。这回他觉得论文中的一些观点很新颖，很有科学价值，于是决定向一份科学杂志推荐这篇论文。

很快，这篇论文发表了，与他想象中一样，这篇论文得到了科学界的关注，由此这篇论文的作者被“发掘”出来，若干年后，这个青年成为诺贝尔奖获得者。

在一定程度上说，是奥斯特瓦尔德的情绪决定了这个青年才俊的未来，试想一下，如果他的情绪没有转好，就可能不会有心情再去看那篇论文，一个人才也可能由此被埋没。所以说，情绪的力量不可谓不强大，夸张一些说，情绪影响一切。

情绪与我们的心态及想法是密不可分的，它受心态和想法的影响极大，同时，又反过来影响着心态和想法，这就是情绪定律。

人与人的情绪差异是很大的。有的人不轻易受外界事物影响，情绪稳定，不乱发脾气，而有的人则很容易受外界事物的影响，情绪不稳定，经常乱发脾气。

一般情况下，人的情绪特征表现在强度、稳定性、持久性和主导心境四个方面。

情绪的强度表现为人受情绪感染和支配的程度，表现为情绪受意志控制的程度。比如，有些人的情绪常如钱塘江的春潮“涛似连天崩雪来”，遇到不顺心的事，就会大发脾气，不可遏止；而有些人的情绪十分稳定，不以物喜，不以己悲，伤心得意面前，心如止水，不露声色。

三国时，蜀国大将关羽过五关斩六将，单刀赴会，水淹七军，是何等的英雄。可是他易于激动，情绪暴躁，且不知收敛。当他受刘备重托留守荆州时，东吴孙权派人求见。关羽不情愿地接见了来使。来使传达了孙权想与其联姻的请求，哪知，关羽听后火冒三丈，并不计后果大骂来使，导致吴蜀联盟破裂，而自己败走麦城、被俘身亡。

假如他能控制一下自己的情绪，不意气用事，那么，吴蜀联盟就不至于遭到破坏，至少不会那么快就分崩离析，他个人的下场也不会那么悲惨。

情绪的稳定性表现为情绪的起伏和波动程度。有一句俗话叫“小孩的脸，一刻三变”，刚刚还泪下数行，一会儿又破涕为笑，说明小孩的情绪是不稳定的。成人势必不能如此，但每个人的稳定程度也是有很大差异的。刚开始交谈时还心平气和，笑靥如花，一旦哪句话不对心思，马上火冒三丈，怒不可遏，声嘶力竭起来。这就是情绪不稳定的表现。

情绪的持久性表现为身体、生活、学习、工作受情绪影响时间的长短。比如，一次考试过后，一位同学得知自己的成绩优异，顿时意气风发起来，立志要更加发奋学习，但这种激情很快就消逝了；另一位同学同样考试成绩优异，但表面波澜不惊，十分沉稳，他将获得的优异成绩化作学习的持久动力。再如，一位同学受到老师的批评后，悔恨交加，诅咒发誓，要改过自新，争取进步，但时过境迁，故态复萌；另一位同学却将批评牢牢记在心中，时时鞭策自己。

情绪主导心境方面的特征是指一个人在情绪的稳定性和持久性方面表现出来的特定色彩。比如，有些人总是精神饱满，乐观愉快，遇到什么挫折，都能坦然面对，跌倒了，爬起来，一复如初；有些人遇到挫折，就会精神萎靡，悲观忧郁，甚至终日对窗长叹，以泪洗面，即便有什么转机，也由于没有任何准备，而让机会擦肩而过，十分遗憾。

生活中失意的事多，得意的事少，成功往往只是漏网之鱼，对此，我们一定要有正确的认知，一定不要以情绪化待之。实际上，很多时候，如果能够改变对事物的看法，我们的情绪也就会扭转过来。

一个老太太有两个儿子，大儿子贩卖雨伞，小儿子贩卖草鞋。雨天时，她就担忧小儿子卖不出去草鞋。晴天时，她就担忧大儿子卖不出去雨伞。于是，无论是晴天，还是雨天，老太太总是心情不佳。

她的邻居了解了这个情况后，就开解她说："你应该这样想，雨天时，你就为大儿子高兴，因为他的雨伞可以卖出去了。晴天时，你就为小儿子高兴，因为他的草鞋不愁卖了。这样想，你就开心了。"

老太太听从了邻居的建议，从此后，无论是晴天，还是雨天，她都是开开心心的。

在奔向成功的路上，很多人的失败其实不是缺少机会或是实力浅，而是缺乏对自己情绪的控制。愤怒时，不能遏制怒火，让周围的合作者望而却步；消沉时，精神萎靡，放纵自己，让许多稍纵即逝的宝贵机会悄然远去。

我们平时说做人要有点城府、有点涵养，其中多半是对情绪的自我控制水平而言的。一个人能否有效地控制自己的情绪十分重要，它不仅影响到工作、生活，也影响到心理品质和身体健康。“小不忍则乱大谋”的人，多半将生活、工作弄得一团糟，人际关系紧张。

性格决定命运。情绪是性格的外露，控制好自己的情绪，也就在一定程度上控制了自己的性格。所以，要想有一个人人羡慕的“好命”，就一定要控制好自己的情绪，做情绪的主人，掌控情绪，而不要做情绪的奴隶，被情绪驱使。

自我宽恕定律：自己的错误总是可以原谅的

人性中有个根深蒂固的特点，就是容易发现别人的错误，却很难发现自己的缺点。当和别人发生矛盾的时候，我们很难站在客观的立场上审视彼此的对与错，而只会站在自己的立场上，认为自己是正确的，而对方是错误的。

而且，很多时候，即使内心知道自己错了，也认为自己是情有可原的，认为自己的错误是受别人影响而造成的，甚至认为自己只是个受害者。

> 公交车上，一个男士不小心踩了后面女人的脚。女人被踩得很痛，就生气地大嚷："你怎么搞的，踩我脚了！"那男士受此一说，脸上挂不住，就说："我怎么搞的？谁让你把脚放在我脚底下的？不怪我，是你的原因。"

人际关系学大师卡耐基深知人性的这个特点，他在著作《人性的弱点》一书中，这样写道："一百次中有九十九次，人不会为了任何一桩事情来责备自己，即使他犯下的错误十分严重。"他举了一个实例来说明这个事情：

1931年5月7日，一次骇人听闻的围捕让纽约市民大开眼界。与警方对抗的是一个烟酒不沾、有“双枪杀手”之称的罪犯，他名叫克劳利。他被警察围困在西端大街他情人的公寓里。

150名警察把克劳利围困在公寓顶层的藏身处。他们在屋顶凿了个洞，想用催泪毒气把罪犯熏出来。同时，他们还把机枪安置在四周的建筑物上，一个多小时的扫射让这个原本清静的住宅区，被一阵阵惊心刺耳的枪声淹没。克劳利藏在一把堆满杂物的椅子后面，手持短枪接连向警察射击。围观的一万多人怀着激动而兴奋的心情，观看这场现实版的警匪格斗。要知道像这样的壮观场面在纽约的街头是从来没有出现过的。

最终克劳利被警察逮捕，警察总监穆罗尼指出：克劳利可以说是纽约治安史上最为危险的一个罪犯。这位警察总监又说：“克劳利杀人十分随意。别人的轻微冒犯，都会让他心生杀意。”

可是，这名有着“双枪杀手”之称的克劳利认为自己罪有应得吗？当警察围击他藏身的公寓时，他写了一封公开信，当时他已经受伤，伤口流血，那张纸上留下了他的血迹。克劳利在信的地址栏里写上“相关人士收”，信的内容是这样的：“在我衣服里面，是一颗疲惫且善良的心——一颗不愿意伤害任何人的心。”

被围击之前，克劳利将汽车停在一条公路旁，在车内跟一个女伴调情。突然走来一个警察，对他说：“让我看看你的驾驶执照。”

克劳利一言不发，拔出手枪朝那个警察连开数枪，警察负伤倒地。接着克劳利从汽车里跳了出来，从警察身上掏出手枪，又朝地上蜷缩的尸体打了一枪。可就是这样，他还宣称：“在我衣服里面，是一颗疲惫且善良的心——一颗不愿意伤害任何人的心。”

克劳利被判坐电椅。当他走进受刑室时，你认为他会说“这是我杀人作恶的下场”吗？你想错了，他说的是：“我是因为要保卫我自己才被迫这样做的。”

这段往事要说明的是，“双枪杀手”克劳利对自己没有一丝的责备。

诚如上面所说，人对自己犯下的错误有一种天生的体谅，这种自我宽恕感让一些人对自己的错误行为百般辩护，遇事好强词夺理。生活中，很多矛盾、纷争就是由于我们不肯承认自己的错误，非得归咎于对方而引起的，而如果对方也是这样，纠纷自然产生。如果我们懂得严于律己，宽以待人，可想而知，一定会减少很多不必要的矛盾和纷争。

金无足赤，人无完人，没有谁是十全十美，没有任何问题的。正因为人都是有缺陷和不完美的，我们才会感到进步的可贵与美好，也才会致力于追求美好的事物。同时，这也提醒我们，要时刻自省，要经常“一日三省吾身”，以便及时发现自己的错误，及时改正。

在与人交往时，要谨记人性的这个特点，多做自我检查，多做换位思考，也多体谅对方的难处，这样才能建立起和谐的人际关系。

补偿作用：弱点是一种力量源

补偿作用，指先天或后天造成生理、心理缺欠的人，通过另一方面的直接或间接以及替代的方式加以弥补。举例来说，如盲人看不见东西，一定程度上可以用听觉、触觉来识别事物，也因此，他们的听觉和触觉能力比较强。

强和弱是相对的，没有什么东西是绝对的强，也没有什么东西是绝对的弱，都是相对而言的，而且在合适的条件下，强和弱是可以转化的，强可以变弱，而弱也可以变强，这符合事物发展的规律。从这个角度说，绝对的缺陷是不存在的，世界是公平的。

在一项医学实验中，医生们发现了一个很有趣的现象，如果将一个肾病患者的左肾摘除，那么他的右肾往往会表现出惊人的生命力，功能更强大。在眼睛、肺、心脏等手术中，医生们也发现了类似的现象。

这个现象引起了心理学家的关注，他们对其进行了悉心的研究，奥地利心理学家阿德勒首先打破谜团，总结出“补偿作用”的理论学说，内容很简单，就是当一个人生理或心理有缺陷时，可通过自己的努力得到弥补或代偿。

阿德勒从心理层面做了解释，他认为人身上的某些生理、心理的不足，会让人产生一种自卑感，这种自卑感会刺激人们运用补偿的防御机制加以应对，即或在某一方面特别努力，或夸张自己的某一特征，来弥补自己的某种缺陷，借此减轻内心的惶恐和不安。例如，口吃的人可以通过刻苦地训练，克服口吃的毛病，让自己变成一个可以滔滔不绝的雄辩家。

由此，补偿作用成了刺激、敦促一个人奋勇向前，完善自我、追求超越目标的动力，弱点不再“弱”，而是变成了一种力量源。

人的性格中天生带有或多或少的自卑因子，补偿作用可以给人一种精神力量，激发出人的进取之心，让人获得自信、自爱，从而走出自卑。不难理解，很多天生，或者童年、少年时期遭受磨难的人，经过自己的努力，克服一切艰难困苦，最终取得了人生的胜利和辉煌，探查他们成功的因素，补偿作用必不可少，甚至是他们获得成功的决定性因素。

《假如给我三天光明》的作者海伦·凯勒，出生19个月时罹患急性胃充血、脑充血而永远失去了视力和听力。对于她来说，世界是一片黑暗和寂静，在这样的情况下要学会读书、写字、说话，其难度可想而知，但是结果如何呢？

海伦·凯勒没有向命运屈服。为了能清楚地发音，她将一根细绳系在一个金属棒上，一端叼在口中，另一端拿在手上，练习手口一心，写一个字，念一声。为了使写出来的字整齐好看，她还自制了一个木框，装配了一个滑轮练习写字。功夫不负有心人，几个月后，她写出一手漂亮的字。

波金斯盲人学校的亚纳格诺先生看到一封出自海伦之手、完整地道的法文信时，十分惊讶，他这样写道：“你们难以想象我是多么的惊奇和喜悦。对于她的能力我从来没有怀疑过，可也难以相信，她3个月的学习竟然取得了这么好的成绩，在美国，要达到这种程度，一般人恐怕得花一年工夫。”

哈佛大学的一个博士生听到海伦·凯勒的事迹后，有些不相信，也很不服气，他决定和海伦较量一下。在严格的时间规定和工作人员的监督下，他们进行了3轮比赛，最后博士生挑战失败。他摘下博士帽，恭恭敬敬地戴在海伦的头上，由衷地向海伦表达了敬佩之情。

经过学习，海伦突破了识字关、语言关、写作关，先后掌握了英、法、德、拉丁、希腊五种语言，出版了诸如《假如给我三天光明》《走出黑暗》《我的生活》《石墙故事》等影响深远的著作，获得了全世界人民的敬重。

不仅海伦如此，音乐圣人贝多芬亦是如此，作为世界音乐史上最伟大的作曲家，贝多芬以惊人的力量创作了9部交响曲、1部歌剧、32首钢琴奏鸣曲、5首钢琴协奏曲以及多首小提琴、大提琴奏鸣曲等，对古典音乐做出了巨大贡献，当人们以无比景仰的目光注视他的雕像时，却很少有人知道，他竟然是个聋子。

听力，对于一个从事音乐创作的人，重要性自不待言，可是没有了听力，又能如何呢？对于一般人而言，可能是灭顶之灾，但是对贝多芬来说，却变成了一种动力，促使他更加努力，更加倾向于创作，最终给世人留下了许多脍炙人口的经典。

霍金，一个有着高智商的物理天才，却终生被禁锢在轮椅上，但这无碍于他天才思想的发挥，他做出了让我们惊叹的论断，推进了我们对宇宙的认识。

弱点每个人都有，不以“弱”为弱，反而以“弱”为强，变弱点为优势，有策略地安排取舍，就能获得成功。

镜中我效应："镜中我"与"镜外我"

"镜中我效应"，1902年由美国社会学家查尔斯·霍顿·库利提出，该理论认为："一个人的自我观念形成于与其他人的交往中，一个人对自己的认识是其他人对于自我看法的反映，他所具有的这种自我感觉，是由他人的思想、他人对于自己的态度所决定的。"

在《人类本性与社会秩序》一书中，库利做出了一个形象的比喻："每个人都是另一个人的一面镜子，反映着另一个过路者。"因此，这个理论又被称作"镜中我效应"。

顾名思义，“镜中我效应”其内涵，就像我们只能通过镜子看到自己的长相，“我”对于自我的认知也都是来源于他人对我的看法。因此，与通常社会心理学理论所倡导的“不要在意他人看法”的观点相悖，“镜中我效应”指出，每个人的“自我观”，都通过与他人的相互作用所形成。

每个人对于另一个人来说都犹如一面镜子，反映出从它面前走过的人，这正如人们可以通过镜子看到自己的面容、身材和服饰一样。在细细观看时，总会以一定的标准来衡量其美丑，若是符合标准就会感到愉快，反之则会表现出悲伤的形象。同样，个体在想象他人心目中对于自己的行为、态度、性格等认知时，也会时而愉快时而悲伤。可见，镜中我就是判断他人对自己所作评价时所形成的自我概念。

首先，我们会去想象他人是如何“认识”自己的。其次，我们会想象他人是如何在这个认识之上“评价”自己的。最后，我们会根据他人对自己的“认识”和“评价”产生某种感情，这种感情将主导我们对于自我的认知。

比如说，“我”向慈善机构捐了50元钱，然后，借由他人对此的种种评价和反应，去想象他们对于“我”的认识——一个正在参与慈善活动的人。接下来，通过他人的口头评论或其他反馈渠道，“我”认为，他人对“我”的评价为“热心、善良的人”。

然后，“我”对于这种认识和评价感到十分愉悦，同时因此进一步认识了自己，相信自己的确是个热心、善良的人。然后，“我”会继续以这种标准来要求自己——这也就是一个人自我观的形成过程。

反之，在同样的例子中，“我”向慈善机构捐了50元钱，然后，“我”发现别人给“我”的评价大多是“一个假装热衷慈善事业的伪善之人”。这个评价会促使“我”审视内心，并相信自己参与慈善并非出于伪善。于是，“我”产生了一种愤怒与排斥的情绪，同时，在这种情绪中进一步地认清了自己——“我”绝不是一个伪善之人。

小说中时常出现这样的情节：一个无恶不作的人，仿佛在他心里住着一个魔鬼，骨子里流着邪恶的血液。某天，他来到一个陌生的地方，机缘巧合之下做了某件好事，于是，所有人都对他大加赞赏，认为他是个圣人。

渐渐地，他也真的相信自己的确是个好人，然后，他开始以“好人”的标准要求自己，也逐渐发掘出了自己人性中的善意。在小说的结尾，起初的恶人往往会为了保护那些把他看作“圣人”的人，和过去邪恶的伙伴反目成仇，并用生命赎清了自己过往的罪孽，成了位完完全全的圣人。

这就是一个“镜中我”塑造“镜外我”的过程，虽说故事有些俗套，可其中所蕴含的心理学依据却是非常充分的。在现实生活中，我们也常常会碰到类似的场景：

> 一个女子抱着小孩儿上火车，车厢里早已坐满了人。有一个年轻人正躺在座椅上睡觉，一个人占着两个座位。孩子哭闹要坐，并用手指向那个年轻人。但是年轻人却假装没有听见，继续躺着睡觉。这时，孩子的妈妈用安慰的口吻说道：“这位叔叔太累了，让他好好睡一会儿吧，等他睡醒了肯定会腾出座位来的。”
>
> 几分钟之后，那个年轻人睁开了眼，像是一副刚刚睡醒的样子，然后坐直了身子，把另一个座位让出，给了那个抱孩子的女子。

小孩子哭闹要坐被年轻人霸占的位子，年轻人不理不睬，妈妈的一句安慰却让年轻人客气地让了座，这其中的奥妙就在于年轻人对自己的“自我评价”发生了改变。

可想而知，起初，年轻人对自己的认知是“我占着两个座位，你们又能拿我怎样”的无赖心理。但是，当他听到那位女子给自己的评价后，他对自己的认知悄然发生了变化，不好意思再霸占座位。

他的“自我观”发生了变化，随即，其相应的行为也就跟着发生变化了。

可见，个体与社会如此相关，个体往往需要通过社会中其他人的评价来完善对自我的认知。

也就是说，我们是什么样的人，很多时候是由社会反馈所决定的，别人认为我们是什么样的人，我们就可能成为什么样的人。

镜中我与镜外我本应是一致的，但是镜中我经过他人与社会这面镜子一照，就有了许多光的折射，使镜外我变形，但个体如果不通过镜子又无法看到镜外我，即使能够去看（如反省、反思等），但也会受到其他因素（如原有的自我、经验、认知结构等）的影响，依然无法真正看到镜外的我。因此，唯一的方法就是通过许多面镜子去照，这样全方位地照看，会使镜中我与镜外我逐渐融合。

瓦伦达效应：专注而不患得失

“飞人瓦伦达”家族是美国一个著名的杂技表演家族，其中第七代钢索表演艺术家尼克·瓦伦达于2013年、2014年先后完成穿越尼亚加拉大瀑布、横穿芝加哥湖畔三座50层大楼的两次“死亡空中表演”，打破吉尼斯世界纪录。然而，这个诞生过多位“钢丝之王”的家族，也曾有过失败的惨痛历史。

尼克的祖父卡尔·瓦伦达曾以精彩、稳健的高超表演技艺闻名全国。在他过往的表演生涯里，从未出现过事故，因此，1978年表演团决定派他前往波多黎各为一些非常重要的客人表演杂技。卡尔知道这次表演的重要性：全场都是美国名流，还进行着现场直播，这次成功不仅将奠定自己在杂技界的地位，更将给团队带来前所未有的回报。因此他从前一天开始就反复琢磨着每一个动作、每一个细节。演出正式开始了，这一次他决定不用保险绳。因为许多年来的成功经验告诉他，他有100%的把握不会出错。

但是，意想不到的事情发生了——当他刚刚走到钢索中间，仅仅做了两个低难度的动作之后，就从10米的高空摔下，意外丧生。

事后，他的妻子回忆说：“我知道这次他一定会出事。因为他在上场前就不断地说：‘这次太重要了，万万不能失败’。从前每次进行那些成功的表演时，他只是想着走好钢丝这件事本身，从不去管这件事可能带来的一切。卡尔太想成功，以致不能专注于事情本身，太患得患失了。如果他不去想这么多走钢索以外的事情，以他的经验和技巧，是绝不会出事的”。

后来，心理学家将这种为了达到某一目的总是患得患失的心态称为“瓦伦达心态”，即“瓦伦达效应”。

我们常说，“压力就是动力”，但“瓦伦达效应”却告诉我们，压力是把双刃剑。很多时候人们做事情，总是想得太多，太在乎事情可能将带来的后果，太在乎别人的闲言碎语、说三道四，太在乎现在及未来的一切，可我们恰恰忽略了事情本身。我们的大脑整日被各种欲望塞满，身体被压得气喘吁吁，在这样的重荷之下，我们怎么能够把事情做好？结果往往是偏离了预定的轨道，离成功越来越远！

压力心理研究鼻祖汉斯·赛叶医生将压力分为不良压力和良性压力。良性压力能够给人以动力，敦促人们走向成功；而不良压力不但会使人无助、灰心，还很可能导致失败。

“瓦伦达效应”就属于这种不良压力，这是一种非理性的压力。这种压力的根源是人的患得患失，总是在担心失败后怎么办，却没有因为担心自己不够好而想办法提升自己。把本该专注于事的精力分散在无用的胡思乱想上，又怎么会成功呢？

法拉第说：“拼命去换取成功，但不希望一定会成功，其结果往往会成功。”这就是成功的奥秘所在。

斯坦福大学的一项研究表明：人大脑中的某一图像会像实际情况那样刺激人的神经系统。例如说，当高尔夫球手反复告诫自己“不要将球打到水里”时，大脑中就会出现“球进水里”的画面，这时一挥杆子，结果往往事与愿违——球大多会掉进水里。这项研究从侧面证实了“瓦伦达效应”。又比如说，当我说：别去想那只粉红色的大象了。你头脑中浮现的第一个画面是什么？再次重复这句话后，心里想的又是什么？

这是一种自我暗示的负效应。通常，暗示是没有选择性的，它是潜意识对外界任何现象（包括听到、看到的一切）以及任何显意识行为（即思考）的认同、接收和储存。暗示不具有分辨力，无论是否有反对的声音存在，暗示都会产生效果。因此，当你反复对自己说“不要掉进水里”“不要再去想她”“不要紧张”时，其实暗示都在发挥作用，但往往由于其没有价值判断与选择，就会同时过滤掉副词、动词，剩下简单的结果："球在水里""她""紧张得颤抖"等画面。这些在脑海中浮现的画面，往往会引起恐惧、紧张与不安，直接干扰一个人的注意力和思维，最终导致失败。

那么，我们该如何避免"瓦伦达效应"呢？实验表明：专心思考像锻炼一样，可以提高免疫力，并且效果要好于慢跑。

在工作生活节奏不断加快的今天，注意力或许才是最稀缺的资源。专心致志于任务本身有利于心理状态的稳定，同时也有利于培养健康舒适的生活习惯和思维习惯。不给自己错误的暗示、一心只想着自己的既定目标、专注于每一项分解后的计划，努力提取记忆中熟悉的情境和成功的画面，不去担忧失败的后果，消除恐惧紧张，并一步一步达成目标。

每一项工作都需要许许多多经验与技能的累积，在日常的学习、锻炼、工作中就要时刻有意识地练习，即刻意练习，将一些陌生的操作转化为熟悉的步骤、将熟悉的步骤转化为自动化行为，节约自己思考的时间和精力。

抗干扰、拒诱惑是一项我们常常忽视的基本能力，当我们工作时旁边有人经过、同事忽然吃起零食、微信弹出一个红包、忽然浮现的失败后的画面、时间一分一秒地扫过时内心一丝紧张等，都是工作过程中的干扰或诱惑，如果能让自己的注意力不为所动，让自己的思维照常运转，你就离成功不远了。

瓦伦达家族大多不会以此论英雄，也不想借此扬美名，而是与平时一样有一颗平常心，至于美名、金钱都是身外之事，这样却反而都取得了成功。那些一心想扬名、赚大钱的人，由于动机强度太大，行动往往就会出问题，要么不协调，要么出偏差。只有处于一种平静悠然之中，人的最大潜能才能发挥出来。

现实中的大量事物，都充分地证明了这一点：只有拥有一颗平常心，才不会产生瓦伦达效应。工作、考试、比赛都是每个人必须要经历的，无论结果如何都不会让你失去所有、抑或拥有一切，因此保持适度紧张、相信自己能够成功、即便失败也能够坦然接受，完成要做的事情。把每一项工作、比赛都当成日常的操练，不谈成败，就是平常心。

第六章

经济学效应——富者越富，贫者越贫

帕金森定律：别让事情占满你的时间

《经济学人》的一篇文章指出，开会浪费了80%开会者80%的时间。因为在至少80%的会议中，最后的决定都等同于薪酬最高者的意见。也就是说，那些有不同意见的人，是浪费了自己的时间。

众所周知，医学上有一种叫帕金森综合征的疾病，主要症状为四肢颤动、肌肉僵直和身体运动的迟缓。而在组织机构中，如果领导不善，企业也会患上帕金森综合征，从而导致人浮于事、效率低下。

1958年，英国管理学家、曾任哈佛教授的西里尔·诺斯古德·帕金森出版书籍《帕金森定律》，以此形容官僚主义，或官僚主义现象。

帕金森定律是20世纪西方文化的三大发现之一，也被称为“官场病”“组织麻痹病”或者“大企业病”。

帕金森发现，在一个组织中，机构和人员的增加并不完全源自工作的需要，而是有它自身的需要和法则。管理活动本身会制造出工作，增加人手会制造出功能重叠、互相扯皮的管理体系，从而使得工作目标不明确紧凑，进而导致工作效率低下。

帕金森举例说：某官A君感到自己的工作很累很忙时，找到比他级别和能力都低的C先生和D先生当助手，把自己的工作分给C和D，自己统揽全局。C和D还要互相制约，不能让他们对自己产生竞争力。当C工作也累也忙时，A就要给C配两名助手；为了平衡，也要给D配两名助手，于是一个人的工作就由七个人来做，A 君的地位也随之被抬高。当然，这七个人会给彼此制造许多工作，比如，一份文件需要七个人共同起草圈阅，每个人的意见都要考虑、平衡，断不能敷衍塞责；下属之间产生矛盾，A要想方设法解决；升级调任、会议出差、工资住房、培养接班人……哪一项不需要认真研究，原本属于A一个人的工作愈来愈忙，甚至七个人也不够了……

组织机构就像金字塔一样不断膨胀，人员不断增多，每个人都很忙，效率却不断降低。正如恩格斯所言："自阶级社会产生以来，人类恶劣的情欲、贪念和权欲就成为历史发展的杠杆。"帕金森现象究其根源，无外乎权力的危机感。人是社会性和动物性的复合体，因利而为也可说是本能。

官僚主义是现代社会不可避免的痼疾，通常诊断容易，治疗却很困难。不称职的领导一旦占据高位，庞杂的机构和过多的冗员就不可避免，整个行政管理系统就会形成恶性膨胀，陷入难以自拔的泥潭。

书中，帕金森记述了一位老太太寄明信片的故事：

> 一位老太太要给侄女寄明信片，她用了1个小时找卡片，1个小时从中选择合适的一张，30分钟查找侄女的地址，1个多小时来写祝词，最后又用20分钟来决定去寄卡片时是否带雨伞。将这些事做完，老太太已经疲惫不堪了。

一个人做一件事所耗费的时间差别竟有如此之大：他可以在10分钟内看完一份报纸，也可以半天看完；一个忙人可以在20分钟内寄出一叠明信片，但一个无所事事的老太太为了给远方的侄女寄张明信片，可以足足花一整天……帕金森总结道，工作会自动占满一个人全部可用的时间——假如他给自己安排了充裕的时间去完成一项工作，就会自动放慢节奏或者增加其他项目以便将计划的时间全部用尽。尽管时间如此充裕，当事人却往往会因为工作的拖沓、膨胀和自身的紧张感而苦闷、劳累，进而疲惫不堪。

举例来说，如果给你3个小时完成一项工作，你就会花费将近3个小时。而如果给你50分钟，你可能仅用50分钟就能完成此项工作，并且完成的效果相差无几。

这其中有大量的时间在不知不觉中被浪费。让我们来看看一位“患者”的自述：

> 每个周末的晚上，我几乎都在赶稿子，虽然我很喜欢写作，但多年来做着雷同的事情还是让我不胜其烦。其实上班时间写一篇报道，只需两小时即可完成。但周末有了宽松的两天时间，我就不免放松下来，打开网页看看这则新闻，再去QQ与那个人聊聊天。直到周日的晚上，交稿的紧迫感出现时，我才能静下心来，匆匆忙忙完成稿件。

为避免工作中的“帕金森定律”，可以在一项工作开始之前，先设定一个最后完成期限，并保证在这个最后期限到来之前完成。往往设定的期限越近，工作效率越明显。这个最后期限的设定要本着时间不能太充裕的原则，给自己紧迫感，在可能的最短时间内把事情做好，才能够放松下来享受剩余的自由时间。我们无法超越时间的长度，却可以超越时间的宽度，让时间变得更厚重、更高效。

有学者在一本著作中这样写道：“从最严格的意义上讲，你不应该每一天都试图去做很多事情，你也不应该试图用某种令人坐立不安的方式去填满你的每一秒钟。我也曾习惯于以工作量来计算成果，后来我花了很长时间才弄懂这个道理。我知道我错了。”

机会成本：要效率还是要效益？

机会成本，泛指一切选择后其中一个最大的损失，机会成本会随付出的代价改变而改变，例如被舍弃掉的选项价值或对其喜爱程度。得到的价值是不会令机会成本改变的。

如果在选择中放弃选择最高价值的选项，即首选，那么其机会成本将会是首选。而做选择时，应该选择最高价值的选项，即机会成本最低的选项，而放弃机会成本最高的选项，失去得越少越明智。

让我们来算一下：

假设你有一张美国大歌星埃里克·克莱普顿今晚演唱会的免费门票，注意，它不能被转售。可另一美国大歌星鲍勃·迪伦今晚也将开一场演唱会，票价为40美元。

当然，其他时候去看迪伦的演出也行，但心理承受价位是50美元。换言之，要是迪伦的票价高过50美元，你就情愿不看了，哪怕没有别的事情要做。除此之外，看两人的演出再无其他成本。

试问， 去看克莱普顿演唱会的机会成本是多少？那样的话，唯一要牺牲的就是看迪伦的演唱会。如果不去看迪伦的演唱会，会错失价值50美元的表演，同时也省下了观看迪伦演唱会所需支付的40美元，所以，不去看迪伦演唱会，放弃的价值是50-40=10（美元）。

也就是说，如果觉得看克莱普顿的演唱会至少值10美元，那么就应该去看，不然，就去看迪伦的演唱会。

经济学家保罗·费雷罗和劳拉·泰勒向几组经济学学生以选择题的形式提问看克莱普顿演唱会的机会成本。他们只给出4个选项：a.0美元 b.10美元 c.40美元 d.50美元。

如前所述，正确答案是10美元。令人惊讶的是，只有7.4%的学生选择了正确答案。他们又在2005年的美国经济学会年会上提出了同样的问题，199位经济学家中，也只有21.6%选择了正确答案。而从未学过经济学的学生正确率却高达17.2%。

机会成本用于考察的范围之大，可能远远超出你的想象。它包括一切为了得到某种东西所必须放弃的东西——金钱、时间、物品、劳动——还不止，甚至包括一幅迷人的风景。

因此，我们需要在选择之前，衡量好机会成本，设立一个有效目标。排除干扰对有效目标的设定具有很大意义，否则，即使设立了目标，也无法顺利完成，有效目标就变成了无效目标。

干扰是多种多样的，它来自四面八方。从干扰人群来讲，有来自上司的干扰、同事的干扰、下属的干扰，其中来自上司的干扰往往是最难控制的，因为对于上司的干扰，既不宜一口回绝又不好回避，多数情况下还不得不笑脸相迎。可是，从时间管理上来说，这显然并不符合管理理念，因此要想办法避免或减少。一些有效的方式就能够避免和减少上司的干扰，比如通过沟通，让上司知晓你的工作任务、工作目标、工作计划，知道你本周、本月、本季度必须完成什么。上司如果知道了你的工作目标和计划，就有可能不给你的工作添加干扰。

同事的干扰有时也是很难避免的。低头不见抬头见，自然要融洽相处，对其打扰不可直言相拒。有人很巧妙地解决了这个问题，他是怎么做的呢？当同事来找他闲聊的时候，他就非常热情地起身接待对方。对方往往因此而局促不安，很快就会告辞离开。久而久之，在工作时间来找他闲聊的同事越来越少。

真正迷惑你的其实是下属的干扰，因为它们通常被人认为是天经地义的，因此很多时间都消耗在这上面了。避免下属干扰可以采取三种方式：一是安排固定时间听取下属的汇报；二是留出固定时间供下属讨论；三是安排固定时间处理非紧急事务。

来自自己的干扰与其他相比有着更强的隐蔽性，更不易让人察觉，比如发呆、闲聊、拖延、不必要的娱乐等。避免它的有效方法是增强自律性，管理和控制好自己。

除去上述干扰，很多时候，众多的选择也会形成一种干扰，如果选择不当就会丢了西瓜捡了芝麻，浪费许多时间。现实生活中，每个人都免不了面临此类选择。虽然每个人的脑子里想的都是如何拿到“西瓜”，但是很奇怪，落实到实际行动上，却经常是去捡“芝麻”。这是为什么呢？

原因很简单，因为捡“芝麻”非常轻松，在短期内就可获得满足，而且每捡到一个“芝麻”都会产生成就感。然而捡“西瓜”则不然，费力、费时不说，还未必能捡得到。因此，虽然“西瓜”很诱人，但却不如捡“芝麻”现实，因此人们多热衷于捡“芝麻”。

问题就在于，在一定的时间内，人只能选择做一件事情，两者不可兼得，“芝麻”还是“西瓜”，是要做出一个选择的。如果选择捡“芝麻”，就意味着没有时间去抱“西瓜”；同样，如果选择抱“西瓜”，就没有时间去捡“芝麻”。“芝麻”和“西瓜”不可兼得，必须做出取舍。显而易见，抱“西瓜”的回报要远远高于捡“芝麻”，但前提是要能抱到“西瓜”。

一位经济学家做了这样一个实验：他拿了100张纸币，其中99张是1元的，1张是100元的。他来到一个大商场的玩具专柜前，以商家奖励的名义将这些钱撒了出去。围观的人都争先恐后去抢。如果这个时候旁边有人站在一旁观察，就会发现，十人中有九人选择去追逐那张100元的纸币。

很显然，大家都在心里算了一笔账——即使把所有的1元钞票抢到手，也不如那张100元的多，更何况不可能把所有1元钞票都抢到手，所以都先去抢那张面额大的。只有在确认抢不到100元的情况下，才去抢那些1元的。

实际上，这是一个要效率还是要效益的问题。捡“芝麻”是在追求效率，而抱“西瓜”则是在追求效益。追求效率属于战术层面的问题，而追求效益则属于战略层面的问题，而后者才是人们真正追求的。追求效率是为了把事情做得更好，而追求效益则是去做正确的事情。事情做得正确了，再加上一定的效率，就会产生很大的回报；反之，如果事情做得不对，即使效率很高，回报也往往很低。由此可见，选择优先抱“西瓜”才是正确的。

正如前面所说，前提是得能抱到“西瓜”，努力才不算白费，才算有了回报，否则一切努力都将付诸东流。那么，如何才能增大抱到“西瓜”的几率呢？主要的方法是设定有效的目标和制订切实可行的计划，通过它们最终实现抱到“西瓜”的目的。从时间管理的角度上来讲，做出正确的选择，得到了回报，时间的有效性和效益最大化就得到了充分的体现，时间的价值也就得到了提高。

马太效应：富者越富，贫者越贫

马太效应典出《圣经·新约·马太福音》：

从前，有一位国王要出远门，临行前，他交给三个仆人每人一锭银子，并吩咐道："你们拿这些银子去做生意，等我回来再来见我。"

国王回来后，仆人们来拜见他。第一个仆人说："主人，我用你交给我的一锭银子赚了10锭。"第二个仆人说："主人，我赚了5锭。"第三个仆人报告说："主人，我一直把你给我的一锭银子包在手帕里，生怕弄丢，不敢拿出来。"

国王下令：赏给第一个仆人十座城邑，赏给第二个仆人五座城邑，并将第三个仆人小心保管的那锭银子赏给第一个仆人。

国王说："凡是少的，就把他仅有的也夺过来；凡是多的，就叫他多多益善。"

"马太效应"即是指这种强者愈强，弱者愈弱的效应。1968年，美国科学史研究者罗伯特·莫顿为了描述科学史上的一个奇特现象——"相对于那些不知名的研究者，声名显赫的科学家通常会更加声名显赫，即使他们的成就是相似的。同一个项目上，原本就有名气的研究者往往会得到更多声誉、更多奖项，即使那些工作都是由一个研究生完成的。”罗伯特·莫顿由此提出了马太效应。后来，人们用它来描述各个领域中两极分化、强者愈强的现象。

在上面的故事中，三个仆人起初的财富是一样的，到最后却差距悬殊。形成最终的差距经过了两个阶段，第一个阶段是国王回来前，他们各自用本金去做生意，这时的差距是他们自身因素（如付出）造成的；第二个阶段是国王回来后，对他们进行奖惩，这时的差距是外界原因造成的。

但值得注意的是，第二阶段外界因素的影响是建立于第一阶段的结果基础上的，而第一阶段的结果又取决于自身的因素，所以是开始时自身因素的一点小差异导致了后来的大差异，再后来，差异进一步放大，连锁传导使得马太效应由此产生。

任何个体、群体或地区，一旦在某一方面（如金钱、名誉、地位等）取得进步或成功，就会有更多机会取得更大的进步或成功。对于领先者而言，这是一种优势的累积，而弱者则会被拉开更大的距离。

从积极的意义上来说，一个人只要付出努力让自己变强，就会在变强的过程中受到鼓舞，愈来愈强。而从消极的角度看，不具备毅力变强的也大有人在，马太效应很有可能成为其逃避现实、拒绝努力的借口。能否利用好马太效应的正效果，取决于你是否有一个积极正面的态度去带动一个正循环。

钱生钱的道理可谓老生常谈，而真正能利用好它的人却屈指可数，这也就导致了这个社会的贫富差距。乔·史派勒曾写过一本书，名为《动手来种钱》。书中讲述了一个身上只有一美分的人，是如何进行投资的。他先将仅有的一美分兑换成铜币，然后每次花钱时，就在心里告诉自己“我会以十倍甚至更多倍让它们回到我的手里”。依靠这种方法，那个人获得了越来越多的财富，最终成为一个富翁。

流动的金钱，就是一棵摇钱树。投资或经商才能为你带来收入，而藏匿不使用则是一种愚蠢的行为。当然，这其中有一个大的前提，即掌握财富规律，再发起行动，盲目的投资同样是一种愚蠢的行为。

假如你手里有一张足够大的白纸，现在请你将它折叠51次。想象一下，它会有多厚？事实上，这个厚度超过了地球和太阳之间的距离！

财富的道理与之相通，不用心管理的话，不过就是叠在一起的51张白纸；而如果能用心规划投资，它就会像被折叠51次的那张白纸，越积越高，甚至会超乎我们的想象。

在中国，有一句俗语“有钱不置半年闲”，这也是很多商人生财的秘密。富人利用资产为自己工作，而穷人则为资产工作。追求财富的方式应该着眼于长远之处，而不是只顾及眼前。只要理财，再少的钱都能为你带来收益；但不理财，再多的钱也会有花光的一天。

在股市楼市的狂潮中，赚的最多的总是庄家，赔的最多的总是散户。于是，不加以调节的话，普通大众的金钱，就会以这种形态聚集到少数人手中，进一步加剧贫富分化。

另外，富者通常有条件享受到更好的教育、拥有更多的发展机会，而穷者则由于经济原因，比之富者缺乏很多发展机遇，这也正印证了“马太效应”的社会影响。

通常来说，贫者越贫，富者越富；一步领先，步步领先。拨开马太效应冰冷的外壳，我们看到，它最大的表现形式，其实是资源的整合。拥有资源的人可以吸引更多资源，因为资源本身会去寻找其他资源进行整合。与此同时，成功让成功者更自信，自信让成功者更成功；失败让失败者更自卑，自卑让失败者更失败。

早在耶稣基督诞生的五百多年前，中国古代哲学家老子就曾提出过类似的思想：“天之道，损有余而补不足。人之道则不然，损不足以奉有余。”事物中矛盾双方的对立统一，是大千世界的客观规律。损有余而补不足，是老子以辩证的思维方式总结出的一条自然规律。

人道的本质是追求自我利益，天道的本质是追求利益的平衡和提升。“损不足而补有余”也好，“损有余而补不足”也罢，都只是表现形式，在一定范围内，每个人都行人道，天道就自然而然地实现了。

在许多人的固有观念中，一定认为只有逆境才能造就成功者。我们之所以熟识那些逆境造就的英雄，是因为他们的故事曲折而少有。现在我要告诉你的是，绝大多数成功者都是“从成功走向成功”的。在马太效应的影响下，他们的成功逻辑通常是“因为他们很成功，所以更加成功”。

然而，马太效应也有其不可否认的缺陷，主要在于缺乏辩证思维：

1.只看到事物发展的短期趋势，只反映出数量方面的变化，忽视了性质的变化，不能用于分析事物发展的长期趋势。

事实上，在客观世界，任何事物都遵循发生——发展——成熟——衰老——灭亡的规律，没有什么是永恒不变的。

2.不具备普遍意义，它只是对短期趋势理论的一种假说，并不具有普遍的真理性。比如，用马太效应很难解释在很多领域确实存在的“后发制人”现象。

所以，我们应客观理智地看待马太效应，并让它的正效果为我们所用，真正带动生活中的正循环。

格雷欣法则：劣币驱逐良币

400多年前，英国经济学家格雷欣发现了一个有趣的现象——当两种实际价值不同而名义价值相同的货币同时流通时，实际价值较高的货币，即“良币”必然会退出流通——它们被收藏、熔化或输出到国外；而实际价值较低的货币，即“劣币”则充斥市场。人们把这种现象称之为“格雷欣法则”，亦称“劣币驱逐良币规律”。

格雷欣法则是硬币流通时期的一种货币现象。然而随着时代变迁，硬币为纸制货币所代替。第一代纸币是信用货币，其最主要、完善的形式是由银行发行的银行券。它是银行的债务凭证，以承诺其持有人可随时向发行方兑换所规定的硬币。所以，这种纸币叫可兑换纸币。第二代纸币为由银行券蜕化而成的不可兑换纸币，它通常是由中央银行发行，强制通用，本身的价值微乎其微，可以看作纯粹的货币符号。

许多企业在薪酬或人力资源管理方面均可能发生类似格雷欣法则的情形，实际生活中的例子亦是屡见不鲜。由于企业在薪酬管理方面没能充分地体现出“优质优价”原则，高素质员工的绝对量尤其是相对量下降——主要表现为对自己薪酬感到不满的高素质员工另谋高就，或工作的积极性下降。

我们虽然不能将所有高素质员工的流失都归结为受“格雷欣法

则”的影响，但的确有相当一部分高素质员工的流失，是由于薪酬或人力资源管理方面“格雷欣法则”的作用。在薪酬管理上，一方面，人力资源本身千差万别；另一方面，薪酬制度更为丰富多彩。因而，企业在员工薪酬管理方面的“格雷欣法则”有诸多具体表现：

1.在同一企业中，由于旧的人事与薪酬制度惯性等，一些低素质员工与高素质员工的薪酬大体相当，从而导致了低素质员工对高素质员工的“驱逐”。

2.在同一企业，由于旧的人事与薪酬制度惯性等，一些低素质员工的薪酬超出了高素质员工，从而导致了低素质员工对高素质员工的“驱逐”。

3.在同一企业，由于旧的人事与薪酬制度惯性等，虽然高素质员工的薪酬超出了低素质员工，但仍与其对企业的相对价值不成正比。现阶段，这是低素质员工对高素质员工“驱逐”的一般情形。

如果想遏制“格雷欣法则”，企业确实需要建立合理完善的薪酬体系，其核心为：管理者必须运用薪酬规则，针对不同情况进行灵活处理。若是想切实激发优秀员工的积极性，建立有效的薪酬制度是一条切实途径。具体来说，应完善以下员工所关注的机制建设：

1.建立新的薪酬观。对于所有企业而言，均须将员工薪酬的提升看作员工素质提高、企业兴旺发达的重要标志，其中原因是，如果能处理得当，薪酬提升可以启动员工素质提升与企业效益提高的良性循环。

2.采取具有战略意义的人力资源管理策略，从提高核心员工的薪酬水平出发，不断提高企业核心员工素质。

3.将薪酬调查作为企业薪酬管理不可忽视的环节，尤其注重对核心员工的薪酬调查。不仅要了解竞争性企业核心员工的薪酬水平，对其他行业核心员工的薪酬水平亦应有较为广泛的了解。

4.建立员工薪酬水平的判定标准。通常将市场薪酬水平作为判定员工薪酬水平高低的参照。

5.为核心员工建立薪酬水平无上限的薪酬特区。这一点对国有制企业有力地冲击旧的人事与薪酬制度惯性，可能最为有效。

6.收入和技能挂钩。企业应建立个人技能评估制度，以员工的能力为基础确定其薪酬，工资标准根据技能最低到最高划分出不同等级。这种评估制度最大的好处在于，员工会因此较多地关注自身的发展。

7.重视内在报酬。除工资、福利、津贴和晋升等外在报酬外，还有一些基于工作任务本身的内在报酬，如对工作的胜任感、成就感、责任感、受重视感、有影响力、个人成长和富有价值的贡献等。内在报酬和员工的工作满意度密切相关，对那些知识型员工而言，尤其如此。因此，企业组织可以通过工作制度、人力资源流动政策等来执行内在报酬，让员工从工作本身得到最大的满足。

8.为员工提供有竞争力的薪酬，使他们一进企业便珍视这份工作，竭尽全力，把自己的全部本领使出来。支付最高工资的企业最能吸引并留住人才，尤其是那些出类拔萃的员工。这一点对于行业内的领先企业，尤其必要。

9.让员工参与薪酬制度的设计和管理，以形成一个更让员工满意，更符合企业实际的绩效薪酬制度。

应该说，在很长的一个时期内，组织成员最关心的还是自己的收入问题，对于他们而言，只有自己的工作得到了相应的回报，工作热情和积极性才能得到最大发挥。合理的薪酬制度能够最大强度地调动员工的积极性和工作热情，企业通过薪酬管理敦促执行，如同军队斗志昂扬地集中优势兵力各个歼灭敌人。

测不准定律：越是“测不准”越有创造性

1927年，海森堡教授于德国最高学府海德堡大学进行了一次量子物理学实验，海森堡由此提出的测不准定律，带来了物理学上的革命，他也因此获得了1932年的诺贝尔物理学奖。这一定律冲破了牛顿力学中的死角，它指出对任何事物的任何一次测量，其测不准的程度、测量结果，以及事物的真正结果，都是早已决定，并完全决定了的。测不准的原因是测不全，不能探测出探测本身对所测事物的影响。

同自然事物一样，经济学同样面临着许多测不准的情况。这一定律是由索罗斯发现的。1979年，索罗斯将他旗下的投资基金更名为量子基金，据说该名称来源于物理学上的测不准定律。他认为市场总是处于波动、不确定的状态。

索罗斯号称“金融天才”，他创造了许多惊涛骇浪般的金融奇迹。他于1969年启动的“量子基金”，以年平均35%的增长率左右着世界金融市场。

索罗斯通过对华尔街的深入分析，察觉到金融市场并非如传统经济学理论所宣扬的那般规律，它其实是混乱无序的。市场中买入卖出的决策并非建立于理想的假设基础之上，而是基于投资者的预期，数学公式并不能掌控金融市场。

人们对任何事物所能获得的实际认知都不够完美，投资者对某一支股票的偏见，无论是肯定还是否定，都将导致股票价格的上升或下跌，因此市场价格也并非总是正确，并非总能反映出市场未来的发展趋势，他常常因为投资者以偏概全的推测而忽略某些未来因素可能对其产生的影响。

现实已经无数次证明，经济学家、股评家对股市预测的准确率非常低，甚至他们的预测偶尔与未来事件相吻合，也是预测造就了未来的事件。克鲁德曼曾说自己对经济预测的准确率只有52%，谢国忠则说自己只有38%。实际上，如此高的准确率已经实属不易。

赢得市场的关键在于把握群体心理。投资者的狂热会造成市场的跟风行为，而不理性的跟风则会导致市场的崩溃。这就是索罗斯所提出的经济学“测不准定律”。所以，投资者在获得相关信息之后所做出的决定，与其说是依据客观数据所做出的预期，还不如说是根据他们自己的感觉所做出的预期。

假设经济学家和股评家们能对市场做出准确预测，那么全世界的财富恐怕都会为他们所有。但实际上，那些站在财富巅峰的人，很少有出身于经济学家或是股评家的。

索罗斯还认为，由于市场的运作规律是从事实到观念，再从观念到事实，一旦投资者的观念与事实之间差距过大，且无法自我纠正，就会使市场处于剧烈的波动及不稳定状态，这时市场就极易出现由盛到衰的状态。投资者的盈利之道就在于推断出即将发生的预料之外的状况，判断出盛衰过程，从而逆流而动。

经济学中存在很多测不准的未知风险，然而风险也是机遇，这就为投资者发挥其创造力提供了空间。

经济学中常用到马歇尔局部均衡“供给-需求”模型，它包含相当的“其余条件”，比如偏好稳定、市场出清、不将其他商品列入考虑范围等。然而在实际经济环境中，我们无法构筑这样一个定律能完全发挥作用的环境。

预测机构的报告原本就是顺应媒体和股民的需求而产生，那些企图预测股市的人，每天都在预测，然而股市的结局跟足球赛一样，是不可预测的。从科学的角度看，它本来就是“测不准”的，点位测试这个行为本身就是错的，却偏要做出个正确的预测结果来，自然难以做得准。

20世纪二三十年代，福特汽车由于其结实耐用、价格低廉，在汽车市场独领风骚十余年。但随着时代变迁，消费者的需求发生了重大转变，人们开始更多追求款式及节能效果。而福特汽车公司的产品，颜色单调不说，还耗油量大、废气排放量也很大，完全与当时的客户需求背道而驰。

此时，通用汽车公司与其他几家公司紧扣市场脉搏，不断生产出节能降耗、小型轻便的汽车，抢占了极大的市场份额。

20世纪70年代，适逢石油危机，以通用汽车公司为代表的一众汽车公司后来居上，迫使福特公司一度濒临破产。福特此时才意识到自己判断的失误，转而生产豪华型节能汽车。但先机已逝，直到今天，福特公司都再也没能重拾昔日的辉煌。因此，福特公司前总裁亨利·福特不无感慨地说：“不创新，便是自取灭亡。”

时代在不断变革，市场越来越错综复杂，越来越难以预测，如果我们只是固守旧方法不放，照搬旧教条不肯创新，只会因经验不足而导致失败。有时，一个富有创造性的举动所带来的实际成效，要抵过100个人千篇一律的重复劳动。这种大幅度的飞跃，需要的不仅是主动性，还有创造性。

每一个未知领域，都存在很多难以准确估计、精确测量的不确定性。但与此同时，这些未知领域也是最好的跳跃平台。

哥伦布是著名的意大利航海家，他因发现了美洲大陆而名垂千古。在当时，人们称之为“时代的英雄”，然而这一称谓也让他遭受了许多来自另一些人的诟病，他们说：“无论给谁一艘好船，让他们一直往西班牙开，都能发现新大陆，这有什么了不起的？”

一天，哥伦布对猜疑和刁难他的那些人说："你们谁能办到把鸡蛋立起来？"那些人面面相觑：鸡蛋的顶部是椭圆形的尖，怎么可能立得起来呢？

这时，哥伦布拿起鸡蛋，将它的尖端轻轻敲开一点，就成功地将鸡蛋竖立在桌上了。有人叫起来："就这么简单，我也会！"哥伦布缓缓回答："是啊，就这么简单。可想要第一个发现它却并不容易。"

竖起来的鸡蛋背后所蕴藏的创新意识成就了哥伦布，也开启了新大陆开发和殖民的新纪元。此举进一步推动了世界各地的文化交流，同时为西班牙王室带来加勒比海群岛、南非地区丰富的自然资源和物质财富，使西班牙一跃成为欧洲最富有的国家。

敢于不走寻常路，才能有所创新；不因循守旧，才能发现新的生机。对于个人、企业，还是社会而言，创新都能带来很大的收益。自主创新能力代表着一个国家的核心竞争力，只有不断创新，才能在竞争中立于不败之地。

股市是测不准的，经济是测不准的，甚至人类未来发展也是测不准的，人类的任何预测都不能超出我们所认识的世界。每个人所认识的世界都在动态发展着，且具有一定局限性。顺势而变，才是唯一应该固守的法则。

长尾效应：小市场聚合为大市场

长尾理论是网络时代兴起的一种新理论，由于成本和效率的因素，当商品储存、流通、展示的场地和渠道足够宽广，商品生产成本急剧下降以致个人都可以进行生产，并且商品的销售成本急剧降低时，几乎任何从前看似需求极低的产品，只要有人卖，都会有人买。这些需求和销量不高的产品所占据的共同市场份额，与主流产品的市场份额相当，甚至更大。

Rhapsody是一个记录音乐商，他每个月都会将统计数据记录下来，并绘制成图。结果他发现，该公司与其他任何唱片公司都有一个共同规律，他们都有相同的符合“幂指数”形式的需求曲线——一条由左上陡降至右下的倾斜曲线。

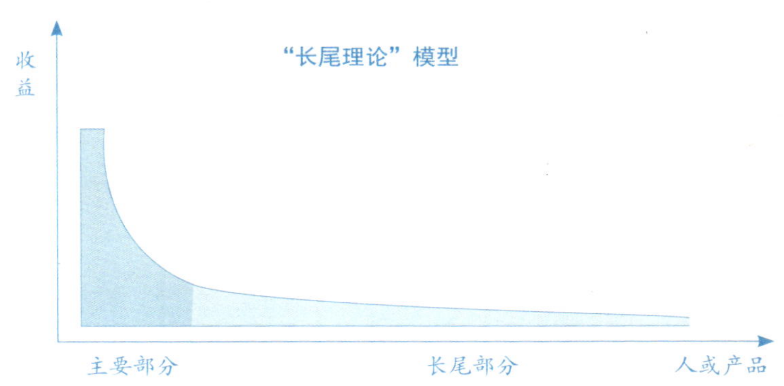

左边的短头部分，表示的是人们对于位列于排行榜前列的曲目的巨大需求；右边的长尾部分，则表示不太流行的曲目。短头代表传统的大规模生产，长尾则代表新兴的小批量定制。最有趣的是，通过深入分析排名在四万名以后的歌曲，这个数字正是普通唱片店的库存流动量。

Rhapsody同时还发现，尽管沃尔玛那些排名四万名以后的唱片销量几乎为0，但在网上，这部分需求却源源不断。不仅是位于排行榜前十万的每首曲目每月至少被点播一次，前20万、30万、40万的曲目也是如此。只要它们被添加到歌曲库，就会有用户点播。尽管每个月只有分布在各个国家的少数几个用户会点播它们，但在网络世界经营40万首曲目的成本，与经营4万首曲目的成本相差无几，把4万首曲目以外的利润总和起来，就会赢得一个世界。

长尾这一概念是由《连线》杂志主编Chris Anderson在2004年十月的《长尾》一文中最早提出的，当时用来描述诸如亚马逊和Netflix之类网站的商业和经济模式。

"长尾"实际上是统计学中幂律和帕累托分布特征的一个口语化表达。

过去人们只能关注到重要的人或重要的事，如果用正态分布曲线来描绘这些人或事，人们关注的只是曲线的"头部"，而将处于曲线"尾部"、需要更多精力和成本才能关注到的大多数人或事完全忽略。例如，在销售产品时，厂商关注的通常只是少数几个所谓的"VIP"客户，"无暇"顾及在人数上居于大多数的普通消费者。而在网络时代，由于关注成本的大大降低，人们有可能以很低的成本关注到正态分布曲线的"尾部"，关注"尾部"产生的总体效益甚至会超过“头部”。例如，某著名网站是世界上最大的网络广告商，它却没有一个大客户，收入完全来自被其他广告商忽略的中小企业。安德森认为，网络时代是关注“长尾”、发挥“长尾”效益的时代。

举例说明，我们常用的汉字实际上并不多，但因为其出现频次高，所以这些为数不多的汉字占据了广大的区域；绝大部分的汉字难得一用，它们就属于长尾。Chris认为，只要存储和流通的渠道足够大，需求不旺或销量不佳的产品共同占据的市场份额就能够和那些数量不多的热卖品所占据的市场份额相匹敌甚至占据更大份额。

长尾市场也被称为“利基市场”。“利基”一词是英文“Niche”的音译，意译为“壁龛”，含拾遗补阙或见缝插针之意。菲利普·科特勒在《营销管理》中给利基下的定义为：利基是更窄地确定某些群体，这是一个小市场并且它的需要没有被服务好，或者说“有获取利益的基础”。

通过对市场的细分，企业应集中力量于某个特定的目标市场，或严格针对一个细分市场，或重点经营一个产品和服务，创造出产品和服务优势。

Google是一个非常典型的“长尾”公司，细究其成长历程，其实就是把广告商和出版商的“长尾”商业化的过程。以占据了Google半壁江山的AdSense为例，它面向的客户是数以百万计的中小型网站和个人——对于普通的媒体和广告商而言，这个群体的价值简直微小得不值一提，但是Google通过为其提供个性化定制的广告服务，将这些数量众多的群体聚集起来，形成了非常可观的经济利润。据统计，Google的市值已超过2100

亿美元，被认为是“最有价值的媒体公司”，远远超过了那些传统的老牌传媒。

站在用户的角度看，即使再小众的需求也可能通过互联网平台得到满足，相当于毫不费力逛一个无限大的、能够尽可能满足自己的超级市场，可以说只要是世上存在的，都可能唾手可“见”（当然，这是一种极为理想化的描绘，实际状况很大程度上依赖于技术的发展，比如搜索引擎、个性化推荐等）。我之所以没有说唾手可“得”，是因为有物流这个实物类电子商贸无法逃避的瓶颈；O2O等服务类商品也难以回避实际的消费一定发生在线下这一问题。

即使消费者与商品之间碰撞出火花所需的时间再短，最终也不得不考虑这漫长多艰的蜀道难。这也是线下商店不会被电子商贸轻易打垮的重要原因之一。而手机话费、游戏点卡这类的虚拟（或是说完全数字化）商品，包括现在很热门的网络金融产品，在这方面则受到极小的影响。

长尾效应给我们的启示是，当占比较重的部分已经没有什么可挖掘的空间时，我们可以把注意力放在“长尾”上。

长尾的另一个应用是长尾关键词，利用长尾效应对关键词搜索进行优化，也同样可以产生非凡的效果。

第七章

两性关系定律——合适的就是最好的

相悦定律：喜欢是一种互逆过程

心理学研究表明，决定一个人是否喜欢另一个人的重要因素是，对方是否喜欢他。人与人感情上的融洽和相互喜欢，可以强化人际间的相互吸引。更简单地来说，就是喜欢引起喜欢，即情感的相悦性。

如果一个人能够给你带来愉悦，就会有一种力量驱使你去接近他。而对那些厌恶我们的人，我们也同样会厌恶他。

想想你身边的人，你喜欢的那些人都具有哪些特征？是聪明、漂亮，还是有社会地位？而大多部分原因可能仅仅是因为他们喜欢我们，我们也就喜欢他们。其中原因，是因为那些喜欢我们的人带给我们愉悦的情绪，一想到他们，就会想到和他们交往时的快乐。当见到他们时，自然就拥有了好心情。

那些喜欢我们的人，满足了我们受尊重的需求。同时，他人对自己的喜欢，也是对自己的肯定和赏识。

心理学家曾做过这样一个实验，以此证明大家对美言的接受程度：

心理学家把被试分为三组，告诉他们某人对他们组的评价，第一个组听到的是此人的“褒奖”之词；第二组听到的是此人的“诋毁”；而最后一组听到的评价毁誉参半。同时，心理学家告知他们，做出评价的这个人有求于他们，需要得到他们的帮助。

实验结果表明，尽管被试完全明白评论者有求于自己，正面的评论也不一定完全符合实际情况，但他们仍然喜欢帮助那些称赞自己的人。

这说明，“好听的话”能给人带来愉悦的心情，引起对方的喜爱。不论一个人的奉承是否合乎事实，奉承者都一样会赢得对方的好感。这也可以解释为什么在职场上，好多溜须拍马之徒可以青云直上，未必是因为领导就喜欢听这种阿谀奉承，也许是在不知不觉中，受到了对方的影响而已。

人们通常对那些他们认为喜欢自己的人持更积极的态度，这就是喜欢的互逆现象。

在人际交往中，我们都希望自己的观点、行为能得到他人的认可，他人对我们的喜欢和认同会让我们产生愉悦感和成就感。同样，当我们赞同对方的时候，对方也会心存欢喜，进而希望在更多地方与我们达成一致，渐渐的两个人自然就更加亲近。

相悦定律产生的一个重要因素就是人们的回报心理，如果一个人总是对你面带微笑，积极地与你沟通，并时常赞美你，对你表示认同，你自然难以拒绝他的好意，慢慢地就会接纳对方。同时也须切记，对一个人的关心要有限度，超过其心理承受范围之内的关心，只会适得其反，令对方抵触和害怕。

生活中的很多时候，两个人相互之间的喜欢都是由一个人单方面的喜欢开始的。这一点在异性交往上表现得尤为明显。比如一个女孩最初对一个追求她的男孩并没有多少好感，但这个男孩子表现出的对她特别喜欢的态度，久而久之会让女孩动心，并最终接受男孩的追求。

当然，这个规律只适用于其他方面都相同的情况下，人会对那些喜欢我们的人有一种较强的倾向。

让别人喜欢你是一项非常重要的技能，很少有人愿意和自己并不喜欢的人交往。而获得这个技能，并不是一件很难的事。善于发现别人的优点、寻找对方感兴趣的话题、让对方感受到你对他的关注和好感，都是让别人喜欢上你的制胜法宝。

销售专家伍奇就曾说过："推销员必须对自己的产品熟悉且有信心，工作勤奋且富有热情，但最重要的是要喜欢每一个客户。"

社交其实就是在推销自己，人与人感情上的交融，可以强化人际间的相互吸引。这种吸引像一种魔力，让人陷入感情漩涡。

在爱情中，女孩大多对甜言蜜语难以抵挡。成功学大师卡耐基说："无论屠夫、面包师，还是皇帝，都乐于接受别人的好意。"所以，在追求心仪的女孩时，我们要用真心去发现对方的优点，并适时给予真诚赞扬，表达自己的欣赏和爱慕之情。但不要出于私利而刻意恭维，而应发自内心。

鲜花是表达爱意的最佳道具，通常一支符合对方气质的鲜花会让人心情愉悦，如果能再配以适当的花语就更好了。

小礼物也不失为让对方快速对你产生好感的实际选择。这些都可以很好地表达你对对方的喜欢，通常，你的真心喜欢多半会为你换来对方的欢心。

麦穗理论：合适的就是最好的

伟大的哲学家、思想家柏拉图问他的老师苏格拉底爱情是什么。苏格拉底没有回答，而是让他先到麦田里摘一只最大、最金黄的麦穗回来。条件是只能摘一次，且只能向前走，不能回头。

于是，柏拉图按照老师说的去做了，却两手空空地走出了麦田。老师问他为什么空着手。他回答："您说只能摘一次，又不能走回头路，即使我见到了最大最金黄的也没有摘，因为不敢确定前方还有没有更好的。走到头才发现，最好的我早已错过，因此就什么都没摘了。"

苏格拉底说："这就是爱情。"

后来又有一天，柏拉图问什么是婚姻。这一次，苏格拉底叫他先到树林砍回一棵最大最茂盛的树，条件依然是只能砍一次，且只能向前走，不能回头。

于是，柏拉图进入树林。这次，他带了一棵普普通通、但也不算太差的树回来。老师问他："怎么带了这棵普普通通的树回来?"柏拉图回答："我走了大半路程还两手空空，看这棵树还不算太差，就砍下来了，免得像上次一样空手回来。"

苏格拉底说："这就是婚姻。"

我们总在渴望着完美的爱情，习惯于在一道道幸福之门前彷徨。我们的心中充满矛盾——没有退路，或许错过的就是最好的；前路还长，或许更好的还在等着我。这就是心理学中的"麦穗理论"。

很多人总是说"缘分未到"，其实是自己没把握好机会而已。所谓"最大的麦穗"往往是错过之后才意识到的。无数次的擦肩而过，让我们身心俱疲，于是在简单比较过后匆忙做出选择，而这个可能远不如你错过的那些。一位女士在博客中写道：

我结婚还不到一年，丈夫是我的大学同学。结婚前，我们没有轰轰烈烈地谈过恋爱，因为在此之前我并不爱他，只是由于我的年龄越来越大，还是没有遇到更适宜的交往对象，他却一如既往地追求我，也算得上知根知底，我才最终接受了他。

客观来说，他的条件不如我。在同学们的眼里，我们并不般配，他们都觉得是我吃了亏。"你怎么会嫁给他?"我被好多人都问过这个问题，它也一直困扰着我，似乎在暗示我做错了一件事。

这种困扰直接影响了我对他的热情、对婚姻的投入，甚至是对未来的追求和向往，我感觉自己的婚姻丝毫没有幸福可言……

这位妻子认为她的丈夫配不上自己，并非出自她的真实体验，而是受了外界评论的影响。在挑选婚姻伴侣时，许多青年男女都习惯于使用类比法，一个一个地进行比较：A比B怎么样？B又比C怎么样？像这样比来比去，耗费许多时间不说，爱情也早就变了质，只是把爱情化成了一个个条件，不停比较谁的最优越。

《指导生活的算法》作者莱恩·克里斯汀和汤姆·格里菲斯提供了一个方法：他们把时间分为两段，第一段用37%的时间以确定“最基本的满意标准”，第二段用63%的时间以选择满足“最基本的满意标准”的第一个方案。

一个女孩如果打算在19～40岁之间，来寻找理想的人生伴侣，也就是21年。如果她是相信“37%理论”的，就可以用这21年中的37%，即7.77年来交往不同的男士。到她26.77（19+7.77）岁时，确定“最基本的满意标准”。然后，选择从那一天开始她遇到的第一个优于标准的男士与他共度余生，并不再寻找更优方案。

很多女孩子在择偶的时候，首先考虑的不是自己对这个人的爱意到底有多深，而是衡量对方的条件与自己是否般配。“他有多少钱？外貌如何？学历如何？地位高不高？”通常，女孩子都是怀着这样的心态，在无数次的反复思量和权衡后做出选择。

人各有自己的活法，这种对待婚姻的态度原也无可厚非，但她们不懂的是，婚姻能否幸福靠的不是般配，而是经营。

在传统的婚姻模式与婚姻体系中，郎才女貌才是天作之合，是双方般配的理想标准。其实这种配偶标准就是同传统一样希望门当户对。如果两个人相貌相当，身高相配，个性和谐，学历相仿……别人都会说是天生一对。如果一对恋人中有一方外在条件、身份地位、经济实力都不如另外一方，那么在大部分人眼里，这桩婚姻就是不般配的婚姻。

然而，即使两个人看起来再般配，如果缺少内心的相互吸引和映衬，也只能是别人眼中的感觉“般配”。

现实中有许多貌似“不般配”的夫妻，然而当事人却过得甜甜蜜蜜、有滋有味。这种现象几乎颠覆了传统的婚姻观念，令旁观者诧异。

有一对被公认不般配的夫妻携手走过了8年。恋爱的时候，妻子是个普普通通、性格开朗的姑娘，丈夫是个各方面与妻子相比都显得更为优秀的小伙子。他们俩恋爱后，很多朋友都觉得女孩配不上男孩，并为男孩感到惋惜。

在非议中，两个人坠入爱河，互相鼓励，感情反而更深了。女孩从事销售工作，她的业绩总是公司第一。男孩在证券公司工作，上班短短一年便晋升为主管。女孩当时承受着非常大的心理压力，内心十分自卑。她觉得这段感情不为众人所认可，曾经一度想要放弃。在男孩的鼓励下，女孩终于放下了心理包袱，很快两人就走入了婚姻的殿堂。

婚后，无论在生活上，还是在工作中，两人相互支持，相互体谅，夫妻共同为经营一桩羡煞旁人的幸福婚姻而努力。

成功的婚姻并不来自表面的般配，而来自诚挚的情感和默契地配合。婚姻中不存在谁配不上谁，只有愿不愿意真心付出，愿不愿意相互体谅。自己的婚姻选择不能交由旁人左右。

对一些人来说，婚姻的幸福并不在双方条件的对等，他们更享受那些“不足与外人道”的幸福与乐趣，这是别人看不到的地方。所谓般配与否，只是局外人的看法。

事实就是如此，那些在众人眼中不可思议的婚姻、看起来有些失衡的婚姻，反倒很幸福。如果你的婚姻也是别人眼中“不般配”的婚姻，可你们的内心却感觉十分幸福，那么旁人的眼光和评论又算得了什么呢？幸福是自己的，要学会放下包袱，快乐生活。

虚入效应：在他（她）最需要的时候出现

有人说，治疗失恋的最好方法是开始一段新的恋情。“趁虚而入”这个军事上的战术名词，现在也常被用于感情。当心仪已久的对象失恋或失意时，多加陪伴，并适时表达关心，往往会收到意想不到的效果。

莉莉是个精明强干的女强人，美丽而清高，追求她的男士不计其数。莉莉想要的是事业上的成功和社会的名望。

她的美貌给她带来了很多机会，也带来许多非难。女上司不喜欢她，女同事们更是视她为眼中钉。繁重的工作加之复杂的人际关系，终于让她病倒了。

大卫是莉莉的同事，他暗恋莉莉已久。在得知莉莉生病后，大卫每天在医院陪伴莉莉，照顾她，逗她开心。慢慢地，莉莉恢复了对生活的信心。

莉莉康复后，和大卫一起回到公司，出现在众人面前，这让公司里的人吃惊不已。没有人想得通，莉莉怎么会倾心于那么普通的大卫？其实，原因很简单，大卫在莉莉最需要关心的时候给她关心，正是用了“乘虚而入”这一招。

一见钟情固然美妙，两情相悦自然惬意。不过，有时爱情中的一些手段也不失真心。只要能给所爱之人带来幸福，而非伤害，乘虚而入也没有什么不可以。当然，一切都要建立在道德的基础上。

在文学和影视作品中，表现“乘虚而入成功”的角色时，总是带有讽刺和鄙视，觉得他们太有心机，甚至是卑鄙的。而在现实生活中，“趁虚而入”这个招数在追求所爱之人时，却屡试不爽。

真正的爱情可遇而不可求，当你遇到让自己心动的人时，如果不想方设法抓住，可能会遗憾一辈子。在对方最需要的时候出现，给予其想要的关心，天长日久自然就会被你感动。

爱一个人就要真心付出，这种付出不应过于功利，也不是每天黏着对方，给对方造成困扰。当他（她）遇到困难时，及时伸出援手，挺身而出，为其解决一切麻烦，但不求回报，想必对方一定会被你打动。越是甘心付出、不求回报，越能得到上天的垂爱。

露是一个光芒四射的女孩，她面容姣好，性格活泼，能歌善舞，身边总少不了围着她转的男生。非也暗恋露，却总是躲到一边。

当露不小心跌倒，非会在周围人都没反应过来的时候上前扶住她，但扶完二话不说就走了。露第二天要参加歌唱比赛，非就会在她的抽屉里默默放上一盒金嗓子含片。露想报考GRE，非就悄悄把自己的考试心得整理好放入露的抽屉。

一次舞蹈比赛中，露不慎跌倒，重重地摔在舞台。露当时就不省人事了。这时，非飞奔上舞台，把露抱到了附近的医院。

幸好治疗及时，露没有大碍。非一直陪在露的病床边。露醒来后，看到在她身边的非，明白了一切。他们从此走到了一起。

爱情是真心换真心，不是权谋游戏。生病时通常是一个人最脆弱的时候，病痛的折磨会让人本能地寻找依靠、安慰和照顾。如果在这个时候不论千里迢迢，不管刮风下雨地在对方身边陪伴、照顾，那么离两情相悦也就不远了。

同时，作为被追求的一方，也要明确自己的心意，感动并不是爱。人在最脆弱的时候，很容易把别人的简单关心当作终生寄托。所以，在最失意的时候，记得找你最亲近的人。要知道，会乘虚而入的除了缘分，还有“病毒”。

抛开计谋，用心付出，坦诚相待，才会收获真正的快乐。

婚后沉默心理：婚姻不是爱情的坟墓

日常生活中，想必很多人都有着这样的体验：热恋中的男女如胶似漆，似乎有说不完的话，而一旦结为夫妻，日常话语却变得很简单，有的夫妻甚至到了无话可说的地步，似乎热恋时所有的话都被说完了。

根据研究发现，这种现象绝非个例，而是非常普遍的，它几乎出现在所有人身上，发生在所有婚姻中。心理学上把这种现象称作“婚后沉默现象”，而这种婚后漠视爱情的心理则被称为“婚后沉默心理”。

在许多人的观念里，一旦成为夫妻，就是一家人了，他爱我，我爱她，是天经地义的事，何必再不厌其烦地说出来呢？作为夫妻，他做他应该做的事，挣钱养家；她则尽她应尽的本分，相夫育子，两人之间没有必要再假惺惺地客套……

这是目前许多夫妻对待情感交流所持的态度。在这种观念的支配下，已婚男女一反热恋时的亲密与热烈，对婚后夫妻情感的表达往往显得忸忸捏捏，甚至到了近乎无话可讲的地步。

曾经的你侬我侬，在婚后柴米油盐的加持下变得世俗、琐碎，感情渐渐淡化，矛盾也随之产生。这样的夫妻，其实是患上了“爱情沉默症”。

婚姻的美满通常建立于夫妻双方流畅而充分沟通的基础之上。有人说："夫妻之间，舌头和耳朵的交流，也许比性生活还要重要"，这句话在某种程度上也确实说明了沟通的重要性。

在很多婚姻咨询个案中，夫妻间的冲突、相互指责、埋怨和猜疑，甚至婚外情的发生，很重要的原因就是长期的"婚后沉默症"造成的婚姻质量下降以及矛盾的长期累积。

一些人更愿意在外面和领导、同事、客户、朋友、同学分享自己的各种生活感受、人生经历，偏偏回到家却没有话对另一半说，久而久之，两人的共同话题越来越少，就算能够分享，也仅限于家务事。甚至，觉得家务琐事是妻子分内之事的丈夫也为数不少，他们认为自己不必知道，也不想知道，共同话题也就更少了。从婚前的千言万语到婚后的三言两语，两人渐渐成为"最熟悉的陌生人"，看上去客客气气，却不再有心灵的沟通。

时常为自己的爱情充充电，敞开心扉，打开话匣子，充分表达自己，让对方了解你，你会发现，原来和爱人分享生活的感受是那么美好。

有些男性认为婚后的自己是打拼养家的男主人，要有权威感，情调这种事是年轻人的专属，已经离自己很遥远了；也有些女性认为婚后就要做个端庄的贤妻良母、完美的主妇，于是不敢再如从前那般追求浪漫。心理专家认为，这些想法都不足取，婚姻绝不是爱情的终结，也不是浪漫的坟墓，双方应该不断培养感情，让爱情继续在新鲜体验中延伸。

心理学家罗伯特·斯坦伯格的爱情铁三角理论已得到普遍的认同：完美的爱情必须包括激情、亲密和承诺。激情指的是一种情绪上的着迷，个人的外表和内在魅力是影响激情最重要的因素。亲密指的是两人心理上互相之间的喜欢，包括对爱人的赞赏、照顾爱人的愿望、自我的展露和内心的沟通等。承诺主要指个人内心或口头对爱的预期，是爱情中最为理性的成分。

耶鲁大学社会心理学家斯坦伯格根据激情、亲密和承诺三大要素归纳出了七种不同类型的爱情：

> 第一种是喜欢式爱情，彼此只有亲密，没有激情和承诺，如友谊。显然，友谊并不是爱情，喜欢并不等于爱。不过友谊还是有发展成为爱情可能的。
>
> 第二种是迷恋式爱情，只有激情，没有亲密和承诺，如初恋。人生第一次的恋爱总是充满了激情，却缺少了成熟与稳重，是一种受到本能牵引和导向的青涩情感。
>
> 第三种是空洞式爱情，只有承诺，缺乏亲密和激情，如纯粹为了结婚而产生的爱情。此类“爱情”看上去丰满，却缺少必要的内容，金玉其外，败絮其中。
>
> 第四种是浪漫式爱情，只有激情和亲密，没有承诺，这种“爱情”崇尚的是过程，并不在乎结果。
>
> 第五种是伴侣式爱情，只有亲密和承诺，没有激情，跟“空洞式爱情”类似，然而缺少激情的爱情怎能称之为爱情？这里指四平八稳的婚姻，只有权利、义务，却没有心动的感觉。
>
> 第六种是愚蠢式爱情，只有激情和承诺，没有亲密。没有亲密的激情顶多算是生理上的冲动，而没有亲密的承诺不过是张空头支票。
>
> 第七种是完美式爱情，包含激情、承诺和亲密。只有在这一种类型的爱情中，我们才能看得到爱情的庐山真面目。

有激情，自然就会有平淡。激情过后就是平淡。婚姻生活的平淡并不可怕，可如果在沉默中埋下隐患，那就不得不引起我们的重视了。“婚后沉默症”就是一种警戒信号。

那么，“婚姻沉默症”又该如何治疗呢？

1.打破错误观念

婚后，生活确实变得现实许多，不再只有两个人的浓情蜜意，但只有不断发展类似婚前的那种甜蜜恋情，平凡的生活才会产生乐趣，夫妻二人才能从生活的烦琐中体味到人间的幸福。否则，每日埋头于生活琐事，自然会让人渐渐产生厌倦情绪，这样便使“婚姻是爱情的坟墓”这句话得到了印证。

2.学会共同创造新生活

多在家庭生活中创造一些共同参与的娱乐项目或交流感情的机会，因为这不仅仅是巩固和发展夫妻关系的需要，同时也是对繁忙紧张生活的调剂，从而使人们能从紧张的工作中解脱出来，以旺盛的精力和充沛的体力，继续工作与生活。

3.不要总顾及自己的尊严

夫妻间不应当计较谁主动，谁丢了面子，等等。因为主动和热情本身就是对爱人的一种尊重与依赖，何必在乎谁是主动得更多的那个人呢?

4.增加性生活的和谐

和谐的性生活是强化夫妻感情的一剂黏合剂。夫妻间如果在性生活中有了障碍，一定要去寻求专业的科学指导。否则，一生中将会有几十年的时光在痛苦中度过。

5.正确认识“男子汉”

真正的男子汉，应该是既懂大义，又明细理；既有七情六欲，又懂适当地表达。那种缺乏温情、冷酷的男人，实际上是心理并不健康的男人。

视觉定律：远看赏女人，近看识男人

所谓距离产生美，距离就是一种欣赏的力量。女人是水做的，远远看去就像一幅画一般；但如果每天都对着，就失去了新鲜感和神秘感。

假如，你只在他人的描述中听过一个美景，那美景在你的想象中就会比描述的还要美十倍；但你真正身临其境，眼见了美景，或许比你想象的差得多，与你看过的其他风景相比，也没有什么特别之处。其实并非风景不够美，而是你想象中的它美到并非人间所有，现实与理想的落差，难免会让你感到失望。

常有人说："长得好看的人总是越看越一般。"当有一天，一位美女真的成为你的女友，与你朝夕相处，你每天这么近距离地看着她，也就会发现，她在你心中的神秘感越来越少，似乎她与别的女人也无多大的差别。

而男人之所以称得上一个男人，绝非因为他生来就是个男性。有时一个男人只有在一个女人身边时，才有可能完整地展现出属于男人的阳刚。男人要近看，如果不与其深入接触，你就永远也看不到他真正的思想光辉。

不要轻信男人的那些花言巧语和夸夸其谈，而要真正地与其进行内心的交流，才能看出他是否真的有内涵。有一些男人善于卖弄口才，巧言令色，华而不实，如果你仅为他的外在表现所迷惑，那就离危险不远了。男人可以没有好看的皮囊，但不能没有深度的思想、良好的品质和责任心。

女人要远看，这是从美学的思想出发的；而男人要近距离接触，则是从现实的角度出发的。人总会尽力展现出自己完美的一面，但有些男人不懂得表现，更希望能有独具慧眼的女人发现自己最美的思想。女人，自古以来就是美的化身，但人无完人，每个女人身上多少都有些坏毛病，不要拿你理想中的女神标准去要求她们，只有这样才能看到她们每个人身上独特的美。

对于男人的欣赏往往需要花时间去发掘，男人对家庭、社会的影响很大，但与此同时，可能造成的危害也很大，只有深入了解了一个男人的思想，才能看到他的全部。善于卖弄的男人或许会在最初令女人着迷，但他们却无法给予女人持久的爱情。

距离才有美感。很多恋情的触礁，其原因就在于黏得太紧。双方都应该保有自由可支配的时间，距离太近只会让双方的缺点暴露无遗，少了那种朦胧的美感。当然随着相处的深入，发现彼此的缺点也是必然的，此时如果能以一颗包容的心和积极改进的意向来面对，对双方而言就是最好的相处之道。

男人对女人的最初印象，往往来源于外貌。女人如书，可如果仅有华美的封面，而没有精致的内容思想，这本书就缺乏了可读性，时间一长再美的书皮看惯了也会觉得乏味。反之，既有美丽的外貌，又有精致内涵的女人则更加吸引男人。这样，无论是近看还是远观，你都是美丽的女人。

男人如书，从外观来看，书有薄厚之分，男人也有魁梧与矮小、俊朗与其貌不扬。从内容上看，有的男人仅有精致的外表却无深厚的内涵，有的男人虽没有精致的外表，却有着深厚的内涵。当然是后者更容易得到女人持久的青睐。女人欣赏男人，需要花费时间去细细体会，才会确定这个人是否真正适合你。

《圣经》中，上帝对男人和女人说："你们要共进早餐，但不要在同一只碗中享用；你们要共享美酒，但不要在同一个杯中啜饮。你们如同一把琴上的两根弦，各自分开又分不开；如同一座神殿的两根柱子，是独立的也是不能独立的。"

这段话形象地说明了婚姻关系中两个人应维持的韧性关系——拉得开，但又扯不断；要亲密，但不要无间。人与人之间必须保持一定的距离，相爱的人也并不例外。许多婚姻之所以最终酿成悲剧，就是因为它在客观上使得这个必要的距离难以保持。一旦失去了距离，分寸感便随之丧失。此外，随之丧失的还有美感、自由感、彼此的宽容和尊重，最后便是爱情。

相爱的人要亲密有间，即使结了婚，两个人之间仍应保持一个必要的距离。所谓必要的距离指的是，各人仍应是独立的个人，并把对方作为独立的个人予以尊重。

两个人无论多么相爱，仍然是两个不同的个体，不可能变为同一个人。

金无足赤，人无完人。完美只是相对而论的，唯有缺憾才是绝对的。十全十美的白马王子或是白雪公主在现实生活中并不存在，但这个世界上真正优秀的人并不少，少的只是发现并欣赏他们的慧眼。

千人千面，万人万解。但无论是什么样的另一半，时间都会帮你证明一切。唯愿你拥有最好的自己，去迎接属于自己的那份美好。

第八章

幸福法则——生活的幸福密码

幸福真谛：世上除了生死，其他都是小事

自有人类以来，总有人在寻求着“幸福”的答案，以求将其拥有。那么，幸福究竟是什么?《现代汉语词典》对此给出的解释是“使人心情舒畅的境遇和生活。”由于人的经济基础、社会环境、胸怀抱负、生活态度等各异，对于幸福的理解和感受自然也不尽相同。

就一般表现而言，幸福可以是拥有健康的身体，学业有成，梦想成真，工作取得成就，事业的兴旺，朋友的真诚交往，同事的真情关心，领导的认同与赏识，甚至也可以是蓝天白云，日丽风和；可以是雨似鼓点，虹似彩带，溪流如吟，江水如歌……世间的一草一木，心中的一思一绪，都可以成为“幸福”的答案。

然而，以上所述也仅仅是幸福的种种表现形式而已，其实质还是因人而异，并且要靠自己去创造和认可。

汶川地震已经过去了很多年，那一场地震带走了许多人的生命。地震过后，一位幸存者对外地一位不断与他联系的朋友说：“活着真好!”然后，他说：“这一次劫后重生，让我明白了，其实生命不是必然的，能平安地活下来是多么幸运，我一定要更加珍惜生命，珍惜生活。”

是呀，活着真好，活着就是最美的幸福。

或许是因为我们还没有经历过生死，就把生视作理所当然，而实际并非如此。这个世界并不是到处都和平、安全，它充满着诸多变数，能活着本身就是上帝赐予我们的一种恩宠，对此我们应该满怀感恩之心。

对于大多数人来说，生命都能够善始善终，寿终正寝，与草木同腐，这是一种正常的生活模式，我们也习惯了如此。然而从另一种意义上说，当生命一旦遇到变化，偏离了既定的轨道，裸露出生命脆弱的本质时，能活着本身就是一种最大的幸福。

汶川地震期间，一位在地震废墟中被掩埋了50多个小时的男子被检测到还有生命迹象，救援人员拼尽全力对他进行施救，但巨大的石板压在他的左腿之上，这块石板之上是一栋摇摇欲坠的楼房，如果撬动稍有过力，就有可能会导致整栋房子坍塌，从而对楼里其他还有生命迹象的人造成破坏性的灾难。男子的妻子一直守在他的身旁，不停对救援人员哭喊着："求求你们，救救他，他不能死！"

后来，这名男子被成功地救出，在这栋楼的废墟中还救出了其他几位被困人员。只是，那名男子被当场锯掉了左腿。

后来，有媒体再次去采访这位男子时，只见他的妻子依旧陪护在他身旁。令记者不解的是，男子的妻子看起来丝毫没有悲伤的痕迹，她给丈夫擦身子、按摩身体，喂他吃饭、陪他说话……她的嘴角和眼角都是往上抬着的，脸上看不到任何痛苦。她告诉我们："尽管失去了一条腿，可只要他还活着，对我来说就是最大的幸福。"

当我们听到这些感人的事迹后，眼泪会不禁夺眶而出，发出长长的慨叹："活着，真好！"

是呀，还有什么是比在灾难中保全生命更重要、更美好的呢？还有什么是比"活着"更快乐、更幸福的呢？无论对于自己，还是身边的亲人而言都是如此。

我们经常会在电视和网络中听到有人选择以跳楼、割腕、烧炭等方式了结自己的生命。无论是普通人，还是明星名人，都不断有自杀的消息爆出。当我们看到这些新闻的时候，都会唏嘘不已。2003年9月10日，被世界卫生组织定为首个“世界预防自杀日”，目的就是为了引起公众对自杀的关注。

在叹息的同时，我们也会想不明白，不禁要问为什么有的人活得好好的会选择自杀？为什么他们的心理素质会那么脆弱，既然死都不怕，却害怕活着？自杀的人宁愿选择轻生，而却不愿意坚强地面对生活。

其实，人生只有一次，每个人都应该珍爱自己的生命，为了我们爱的人，也为了爱我们的人。我们应该始终坚信，还有很多美好的人和事在不远的将来等着我们，我们不应该把人生想得那么阴暗。每个人在一生中都会遇到挫折和坎坷，困难都只是暂时的。只要活着，只要坚强地去面对，人生就没有过不去的坎，只要有勇气坚持下去，我们就一定能够走出低谷，迎接光明。

网上流传一句话，说世界上除了生死，其他的都是小事。生命如此美好，处在平安之中的我们却常常忽略了这一点。而那些真正曾与死神擦肩而过的人，才能豁然感悟其中真谛，从而更加珍惜生命中的每一天。

为什么海明威在飞机失事，死里逃生后读到关于自己的讣告时说：“一个人有生就有死，但只要你活着，就要以最好的方式活下去。”

为什么三毛在撒哈拉沙漠中举行婚礼时，见到丈夫荷西送给她的礼物是从沙漠中捡来的一副骆驼的骷髅竟会欣喜若狂？

因为他们都曾经到达过死亡的边缘，都面临过即将失去生命的惊恐，因此，更加懂得珍爱生命，更加懂得什么才是幸福。

人正是知道了死，才衡量出了生的分量。尽管我们长途跋涉之后，叩开的依旧是死亡的大门，但还是应该抓住余下的每一瞬间，发掘生命的价值。今天我们平安地活着，生活在阳光下，微风轻拂着我们，自由地做着自己想做的事，这难道不是最大的幸福吗？

酸葡萄甜柠檬定律：快乐的精神胜利法

《伊索寓言》中有这样一个家喻户晓的故事：

一只饥饿的狐狸在路过葡萄园时，发现架子上挂着一串串葡萄，它垂涎三尺，可怎么也摘不到。就在狐狸已经失望透顶的时候，它突然笑道："那些葡萄没有长熟，还是酸溜溜的。"于是它高高兴兴地走了。

事实上，狐狸还是没有吃到葡萄，它仍然饿着肚子，但一句自我安慰的话却让它摆脱了沮丧，变得快乐起来。

在西方，这个故事甚至被引入了词典，“酸葡萄心理”就由此而来，是指人们对得不到的就说它不好。而心理学中也借用了这个故事，用来解释人类心理防卫的一种机制——合理化的自我安慰。寓言中的狐狸，通过自我安慰，即使没吃到垂涎已久的葡萄也很开心。当人们的自我需求无法得到满足时，就会产生挫折感，此时，为了解除内心的不悦与不安，人们就会编造一些理由进行自我安慰，使自己从不满等消极心理状态中得以解脱。

其实，在日常生活中，我们也时常处于那只狐狸的境遇，酸葡萄式的自我安慰比比皆是。例如，没有找到对象的单身一族，常常会说“一个人最好，多自在啊”；一个公司职员非常想得到更高的职位，却总也得不到晋升，为了寻求内心平衡，他会自我安慰：职位越高，责任越重，还不如现在工作得轻松，乐得逍遥自在。

与“酸葡萄心理”相对应的，有一种心理叫“甜柠檬心理”。它是指人们对得到的东西，尽管不喜欢或不尽满意，也坚持认为那是最好的。甜柠檬心理也来自伊索寓言，说的是狐狸没找到可口的食物，只找到了一个柠檬，柠檬本是酸的，但狐狸却骗自己说是甜的，以安慰自己。

现实中，人们的甜柠檬心理也较为普遍。比如，你买了一套衣服，回来后觉得价钱太高，颜色也并不如意。但你和别人说起时，你可能会反复强调这是今年最流行的款式，料子也是最舒适的，即使价格贵点也值得。或者，即使你知道自己男朋友有不少缺点，但在外人面前，你往往只会夸奖他的优点。

读过鲁迅著作的人，对于酸葡萄甜柠檬现象，想必很容易联想到鲁迅笔下的阿Q。众所周知，阿Q有一种独特的精神胜利法，即所谓的“阿Q精神”。例如，阿Q挨了假洋鬼子的打，无奈之余，就会说“儿子打老子，不必计较”来自我安慰一番，接着也就心平气和了。

虽然阿Q的自欺欺人心理，过去一直被人们当作笑谈，遭到否定、批判。然而，当代不少心理学家认为，适度的精神胜利法对于心理健康是非常有价值的。如果我们懂得合理运用阿Q精神，往往会让自己增加不少幸福感。

生活中，我们每个人都会遇到这样或那样不愉快的事，而且其中很多事情是我们无法左右或改变的。也许你会问，既然如此，我们又该怎么办呢？难道就要为此一味痛苦、哀伤吗？事实上，在这些时候，我们不妨使用一下阿Q精神，安慰一下自己，对于心理调节可能非常有效。

我们可以发现，对于同一件事，如果从不同的角度去看，结论就会不同，心情自然也会不一样。例如，当你失恋时，与其沉浸在过去的痛苦烦恼中，不如设想一下，下一次遇到的人会比错过的这个好很多；当你遇到挫折时，可以想想“失败乃成功之母”，从失败中吸取教训未尝不是一种收获；当遇到丢东西等倒霉事时，不妨想想：“塞翁失马，焉知非福？”要知道，现实中几乎所有事情都存在积极和消极两面，如果你只看到消极的一面，就会令自己陷入低落、郁闷之中；反之，如果换个角度，从积极的一面去看，也许就会豁然开朗。

一次，美国前总统罗斯福家中被盗，他的朋友写信来安慰他。他在回信中说道：“谢谢你来信安慰我，我现在很平安。感谢上帝，因为贼偷去的只是我的东西，而没有伤害我的性命；贼只偷去我部分东西，而不是全部；最值得庆幸的是，做贼的是他，而不是我。”

可见，像罗斯福那样，在遭遇不幸时，换一个角度去看，心情显然就会不一样了。曾有人说过："我因为没有一双像样的鞋穿而苦恼不已，直到我在街上见到一个人——她失去了双脚。"没错，"没鞋"的时候如果想到"没有脚"的人，我们的痛苦和烦恼也就显得微不足道了。

不过，无论是酸葡萄还是甜柠檬，从某种程度上讲都是一种消极的心理防御方式，就像是一剂止痛药，虽然可以暂时缓解心里的痛苦，但往往会有一些副作用。例如，"酸葡萄"的人说别人不好，很容易影响到他的人际关系，给他人一个"小人"的形象；而"甜柠檬"则容易让人安于现状，不思进取。

那么，究竟该如何才能把握好自我安慰的分寸，只做没有副作用的自我安慰呢？

一方面，当我们遇到挫折或不幸而痛苦万分时，首先应当冷静地分析问题的起因，不要完全陷入"自我"的状态，试着从"旁观者"的角度，客观地寻求解决问题的方式，正所谓"旁观者清"。

另一方面，如果与他人发生冲突或分歧，觉得一时间想不出什么解决方法时，千万不要放弃，不到最后一刻，不要提前为自己贴上"不行"的标签。我们可以采取"位置调换法"，即从对方的角度出发来考虑这个问题，经过协商、权衡最终与对方达成谅解。

可见，聪明的幸福者，既要学会运用阿Q精神，又要学会适度运用。

野马结局：不生气是一种修行

非洲草原上有一种吸血蝙蝠，它们依靠吸食动物的血生存，常叮在野马的腿上吸血。无论野马怎样暴怒、狂奔，就是拿这些“小家伙”没有办法，因此往往吸血蝙蝠从容地吸饱再离开后不少野马却被活活折磨致死。

动物学家发现，吸血蝙蝠所吸的血量极少，远不足以使野马死去，野马的真正死因其实是暴怒和狂奔。

对于野马来说，吸血蝙蝠只是一种外界的挑战，一种死亡的诱因，而野马对这一外因的剧烈情绪反应才是造成它死亡的最根本原因。野马以其可悲的结局告诉我们，负面情绪的力量极其可怕，若不能加以控制，将产生无可挽回的危害和影响。

每个人在生活中都难免会遇到不顺心的事，如不能宽容待之，一时情绪激动，甚至暴跳如雷，大发脾气，人体将在生理上产生一系列变化和反应，致使器官损伤，严重危害自身健康，甚至危及生命。动辄生气的人很难保持健康、长寿，很多人其实是被自己“气死的”。于是人们把这种因芝麻小事而大动肝火，以致因别人的过失而伤害自己的现象，称之为“野马结局”。

医学心理学家还用狗做了嫉妒情绪实验：他们把一只饥饿的狗关在一个铁笼子里，让笼子外面的另一只狗当着它的面吃肉骨头。笼内的狗在急躁、气愤和嫉妒的负性情绪作用下，产生了神经症性的病态反应。

实验表明：恐惧、焦虑、抑郁、嫉妒、敌意、冲动等负性情绪，是一种破坏性的情感，长期被这些心理问题困扰将会导致身心疾病的发生。在恶劣的心理状态和不良情绪之下，大脑中的“脑岛皮层”会受到刺激，长此以往就会改变大脑对心脏的控制，影响心肌功能，引起突发性的心律失常，甚至导致心搏停止而死亡。生气发怒将致使呼吸系统、循环系统、消化系统、内分泌系统等失调，对人体造成极大损伤。

莎士比亚说：“不要因为你的敌人而燃起一把火，你会把自己烧死。”怒火或许会烧及他人，但更多情况下，烧及的却是发怒者自己。

一天早晨，一位智者看到死神在向一座城市走去，于是他上前问道："你要去做什么？"

死神回答说："我要到前边那个城市里去带走100个人。"

智者说："这太可怕了！"

死神说："但这就是我的工作，我必须得这么做。"

智者告别了死神，并抢在他的前面跑到那座城市里，提醒他所遇到的每一个人：请大家小心，死神即将来带走100个人。

第二天早上，智者在城外又遇到了死神，他带着不满的口气问道："昨天你告诉我你要从这儿带走100个人，可是为什么今天有1000个人死了？"

死神看了看智者，平静地回答道："我从来不超量工作，而且也确实准备按照昨天告诉你的那样做，只带走100个人。带走其他那些人的是恐惧和焦虑。"

恐惧和焦虑能够起到和死神相同的作用，这就是情绪效应。实际上，在生活中，这样的效应每天都在发生，只不过我们早就习以为常。学会控制情绪，不仅有益于自己的身心健康，更能拥有一个良好的人际关系。

心理学家研究表明，在第一印象的形成过程中，主体的情绪状态具有十分重要的作用，也是处理人际关系的前提。

处理人际关系首先要学会调节自己的情绪：

坏情绪使得对方的情绪同样变得恶劣，从而厌恶你；而良好的情绪却能感染对方，让其愉快地接受你。因此，学会控制调节自己的情绪就是我们第一步需要掌握的。

自己的情绪由自己来控制。旁人的称赞的确会使你获得良好的情绪，但是现实生活中还存在着诸多不如意的挫折以及反对的意见等。所谓由自己来控制自己的情绪，就是不一味等待他人的鼓励和暗示，而是自己主动利用积极的心态来控制及改善自己的情绪。

找出使自己情绪不好的原因，并努力排除它。当你情绪不好的时候，你要问问自己：是什么使得我不高兴？然后想想看，这件事是否真的有那么重要？即使它真的很重要，你也应该保持健康的心态去积极面对，完全没有必要被它困扰。最后你应该用实际行动排除掉那些烦扰你的事情，让你的心灵得以释放。

用自我暗示法调节情绪。有时，引起你情绪不好的原因很难排解。这时候，你就需要先接受它，然后再进行自我暗示。常用的自我暗示方法就是自我鼓励，例如，对自己说："我是×××，×××是最棒的！"这种积极的暗示有助于调节情绪。

用行动转移法调节情绪。在心情开始不好的时候，试着去忙忙别的事情，使自己没有时间去思考那些不愉快的事情，这也是一种有效的办法。

在处理人际关系时，若没有一个好的情绪，无论有多么聪颖，我相信都没有办法做得很好。一个好的情绪，能够影响一个人在很多事上的处理，很多时候，好情绪甚至会让事情变得格外顺利。所以，在处理人际关系之前，首先要学会控制自己的情绪。

右脑幸福定律：幸福在“右脑”

人类左右脑的思考方式是不同的：左脑主以语文、逻辑性思考，右脑则主以影像和心像思考。生理学家发现，一个人的一生中有1%～3%的时间是用右脑，而97%～99%的时间用的都是左脑。

这种用脑方式对我们的生活造成了怎样的影响呢？绝大多数人已习惯利用左脑去看待问题以及思考生活，这样做的结果通常会使人感受轻松愉快的能力下降。过度地使用左脑而忽视右脑，也是失眠、焦虑症、抑郁症等某些心理疾病的主要诱因。

美国心理学家霍华·克莱贝尔的右脑幸福定律是说：右脑使人幸福，左脑用得多的人则不易感到幸福。

现代人的生活总是忙忙碌碌，有的人苦心经营自己的公司，整日担心这个、照顾那个，却很少感觉到快乐；有的人工作与休息不分，把生活搞得一团糟，却只剩下无尽的焦虑，找不到价值感；有的人事事工于算计，自以为精明，却无法得到真爱……

这些都是由于他们过多地使用了大脑的左半球，逐渐丧失了感受幸福的能力。美国一位名叫霍华·克莱贝尔的心理学家曾做过一项调查，他发现：在现代都市，很少有人真正具有投入幸福的能力，绝大多数人早已习惯用左脑去看待问题和思考生活，以至于他们感受幸福的能力下降。

个中原因，是由于人的左右两个大脑半球有着严格的分工。

左脑为“自身脑”，属于逻辑的、理性的、功利的、个人经验的、分析的、计算的大脑。人类要生存，就必须利用好左脑。左脑以每秒振动14～30次的β波紧张地运行着，因此过度使用左脑的话，会不快乐、易发怒、感受到强大的压力，脑内会分泌一种“去甲肾上腺素”，也叫“斗争的荷尔蒙”，具有强烈毒性，容易使人生病，加速衰老和死亡。

左脑可让人享受成功，却无法让人享受长久的幸福感。过度使用左脑会使人经常处于一种非放松状态，使体内产生大量的“去甲肾上腺素”和“活性氧”，导致亚健康和一系列身心疾病。

右脑是“祖先的大脑”，属于灵感的、直觉的、音乐的、艺术的、宗教的等，可以产生美感和喜悦感。

据说，最初的篮球比赛是在球架上挂个篮子，双方一面防守一面进攻，看哪一方投入篮筐的次数多。但是，这样就存在一个问题：每次球投进篮筐，都需要有人爬上球架将球取出，比赛才能继续。这无疑会影响观众看球的心情，比赛的激烈程度也因此大打折扣。

后来，人们发明了一种专门捡球的装置，能很快地捡球，但还是没能从根本上解决比赛被迫中断的问题。

一天，一个孩子和他的父亲去看篮球赛，从未看过篮球比赛的孩子很兴奋，只是对捡球的事很是不解。父亲耐心地解释道：“随着技术的改进，人们一定会发明出更好的装备，让捡球的速度越来越快。”孩子却大惑不解地说：“直接把篮子底拿掉不就行了吗？”

父亲与孩子对待同一问题截然不同的想法，反映的并非年龄问题，而是他们左右脑的使用不同。我们之所以善于使用左脑，是因为左脑很好开发，而右脑很难开发。但是为了使自己生活得更快乐，心智更健全，我们必须训练自己使用右脑的能力。

心理学家们提出了一些开发右脑的可行性办法：

1.多听音乐。培养自己对音乐的兴趣，多听各种类型的音乐，尤其是一些大师的音乐作品。贝多芬说："音乐比所有的智慧和哲学都具有更高的启示。"

2.增加左手的使用频率。大量研究表明，在许多领域，左撇子的表现往往会比一般人更加出色。很多左撇子在音乐、雕塑方面的成绩都更加突出，因此，在生活中，应有意识地用自己的左手多做一些事情，如果有可能的话，还可以尽量使用左手写字。这样，将显著地改善并加强你的记忆力。

3.运用形象手段开发右脑功能。一般来讲，把具体、形象的与抽象、概括的知识相结合，更能充分地发挥两个半脑的功能，从而使大脑功能更加协调地进行学习与工作。比如，平时可以边看电影、电视，边进行思考。

4.经常欣赏艺术品。要经常欣赏富于寓意的现代画、雕刻作品等艺术品，结合作品发挥自己的想象力。值得注意的是，如果你的目的是增强右脑功能，就不要一面拿着相关材料，一面对照着欣赏艺术品。因为，你这样做实际上是让左脑不停地在工作，其结果既不能专心致志地欣赏，右脑也就得不到相应的刺激。

5.在脑海中呈现画面。要努力在头脑中浮现念头、情景，让其以图像的形式来呈现。例如，可以读一些剧本，根据剧本中的描述，在头脑中呈现相应的舞台情景，并有意识地告诉自己："这是舞台情景在我头脑中的浮现"，同时，不要怀疑自己的右脑是否真的在起作用，而是有意识地一边读剧本，一边去想象。

6.放飞你的想象力。爱因斯坦说过：想象力远比知识更重要。他那些卓越的发现不仅是长期知识积累的结果，也可以说是自由丰富的想象力所带来的。因此，尽量放开你的想象力，无论它有多么滑稽。不妨多看看动画片，有时间多和小孩子对对话，这些对于提升想象力都是大有好处的 。

除此之外，多锻炼左手，每天有意识地花更多的时间去冥想、散步、吟唱、垂钓、闲聊、放眼夜空、欣赏古典音乐等，只要找到适合自己的右脑训练方法，并坚持多加练习，幸福的捷径就潜藏在右脑的觉醒活跃之中。

正如心理学家马尔茨所言："每个人都是为着成功降临到这个世界上的，有人成功了，但也有人没有。这只是每个人的用脑方式不同而已。"

皮格马利翁效应：情感与观念受潜意识影响

1968年，美国心理学家罗森塔尔和贾可布森做了一个实验：他们来到一所小学，从每个班级中随意挑选3名学生，共挑选18人，他们把这些学生的名字写在一张表格上，并极为认真地告诉校长、老师并透露给这些学生说，名单上的这些学生被鉴定为“新近开的花朵”，具有在不久的将来产生“学业冲刺”的潜力。

而事实上，这份学生名单是心理学家们随意拟定的，根本没有依据智能进行所谓的测验，但八个月后他们再次来到这所小学，进行智能测验时奇迹出现了：凡被列入此名单的学生，不但成绩提高得非常快，而且性格开朗，求知欲望强烈，与教师的感情也格外深厚。再后来，这18人全都在不同的岗位上取得了非凡的成就。

罗森塔尔和贾可布森借用希腊神话中一位王子的名字，将这个实验命名为“皮格马利翁效应”。

神话中那位希腊王子皮格马利翁是一位有名的雕塑家。他精心用象牙雕塑了一位美丽可爱的少女。皮格马利翁深深地爱上了这个“少女”，并为她取名为盖拉蒂。他为盖拉蒂穿上美丽的长袍，并且拥抱它、亲吻它，真诚地期望自己的爱能被“少女”接受。但它依然只是一尊雕像。皮格马利翁感到绝望，他不愿意再受这种单相思的煎熬，于是，他带着丰盛的祭品来到阿弗洛蒂忒的神殿向女神求助，祈求女神能赐给他一位如盖拉蒂一样优雅、美丽的妻子。他的真诚感动了阿佛洛狄忒女神，女神决定帮他。

皮格马利翁回到家后，径直走到雕像旁，凝视着它。这时，雕像慢慢发生了变化——它的脸颊慢慢呈现出血色，它的眼睛开始释放出光芒，它的嘴唇缓缓张开，露出了甜蜜的微笑。盖拉蒂向皮格马利翁走来，她用充满爱意的眼神望着他，浑身散发出温柔的气息。又过了一会儿，盖拉蒂开口说话了。皮格马利翁惊呆了，一句话也说不出来。

皮格马利翁的雕塑成了他的妻子，皮格马利翁称他的妻子为伽拉忒亚。

皮格马利翁效应即指人们基于对某种情境的知觉而形成的期望或预言，会使该情境产生适应这一期望或预言的效应，它体现的是心理暗示作用。

暗示在本质上是指人的情感和观念会在不同程度上受到他人的影响。人们会不自觉地接受自己喜欢、钦佩、信任和崇拜的人的影响和暗示。这种暗示，正是让人梦想成真的基石之一；反之，如果一个人接受了消极的心理暗示，他的生活则会受到不利的影响。

也就是说，你期望什么，就会得到什么；你得到的不是你想要的，而是你所期待的。

一个人的表现会受到其他人的暗示和影响，尤其是权威人士。当然也会受到来自自我的暗示和影响，也就是说我们会成为我们自己或别人所预期自己成为的样子。你觉得自己会失败，那么你就会失败；你觉得自己会成功，那么你就会成功，即“自我预言实现”。

“皮格马利翁效应”告诉我们这样一个道理：赞美、信任和期待具有一种能量，它能改变人的行为，当一个人获得另一个人的信任、赞美时，便会感觉自己获得了社会支持，从而增强了自我价值，变得自信、自尊，获得一种积极向上的动力，并会尽力达到对方的期待，以避免对方感到失望，从而维持这种社会支持的连续性。

那么，人为什么会不自觉地接受别人的影响呢？其实，人的判断和决策过程，是由人格中的“自我”部分，综合个人需要和环境限制之后所做出的。这种决定和判断就是“主见”。一个“自我”比较发达、健康的人，通常就是我们所说的“有主见”的人。但是，人不是神，并不存在万能的“自我”，更没有完美的“自我”，这样一来，“自我”并不是永远正确的，也并不总是“有主见”的。

“自我”的不完美，以及“自我”的部分缺陷，也就给外来影响留出了空间，给别人的暗示提供了机会。智者的指导，可以作为不完善“自我”的补充。这是暗示作用的积极面，这种积极作用的前提，是一个人必须有充足的“自我”和一定的“主见”，而暗示作用只应作为“自我”和“主见”的补充和辅助。从表面上看来，有些积极暗示似乎起着决定性的作用，但其实，积极暗示对于被暗示者的作用，就如同“画龙点睛”。换句话说，如果你不是那块材料，再多的积极暗示也无济于事。

心理暗示发挥作用的前提是“自我”的不完善和缺陷，那么如果一个人的“自我”非常虚弱、幼稚的话，其“自我”也就很容易被别人的“暗示”占领和统治。

暗示也有其消极的方面，那就是容易受人操纵、控制。这种人的人格本身，就已存在着严重的依赖倾向。

所以，皮格马利翁效应虽然可能会对你的生活产生积极或消极的影响，但是千万不要盲目地相信它，完全为它所左右。因为外界的鼓励或批评是每个人都必须要面对的，如果一个人总是因为别人的态度而改变自己的话，那就永远也不会真正成熟。

狄德罗效应：给生活做减法

德尼·狄德罗是法国18世纪著名的思想家、哲学家以及作家，同时也是百科全书派的代表人物。德尼·狄德罗于1713年出生在法国朗格勒市的一个小资产阶级家庭，父亲是一名手艺人，因制刀工艺精湛，所以在当地有很高的名气。

一日，若弗兰夫人为感谢狄德罗对她文艺沙龙的帮助，送给他一件质地精良、做工考究的睡袍，狄德罗一开始非常喜欢，简直爱不释手。可是当他穿着华贵的睡袍在书房走来走去时，便突然觉得家具不是破旧不堪，就是风格不对，地毯的针脚也粗得吓人。于是，为了与睡袍配套，狄德罗将家里旧的东西先后更新，书房终于跟上了睡袍的档次，可他却越想越觉得很不舒服。

狄德罗认为："自己居然被一件睡袍胁迫了"，于是他就把这种与旧睡袍别离之后的烦恼感觉写成了一篇文章，命名为《旧袍叹》，副标题为"对趣味多于财产的人们的忠告"。

大约200年后，美国哈佛大学经济学家朱丽叶·施罗尔在《过度消费的美国人》一书中，提出了一个全新的概念——"狄德罗效应"，或"配套效应"，专指人们在拥有了一件新的物品后，为与之和谐，不断配置与其相适应的物品，以达到心理上平衡的现象。

生活中，狄德罗效应可谓屡见不鲜——人们买了一套新的住宅，为了与之配套，总是要大肆装修一番，铺上大理石或木制地板后，自然要以黑白木封墙再安装上像样的灯池；四壁豪华后自然还要配以红木等实木家具；出入这样的住宅，显然不能再破衣烂衫，必定要有“拿得出手”的衣服与鞋袜与之匹配，就此“狄德罗”下去，甚至有的人此时又觉得男主人或女主人不够配套，还得换一换结发的配偶，走上了离妻换夫之路。

狄德罗效应的核心其实并不在于那件新长袍的风格样式，而在于它所象征的一种生活方式，因此后面的一切都是为了这种生活方式的完整构成而更换。但是，狄德罗效应同样告诉我们：对于那些

非必需的东西就尽量不要。因为如果你接受了第一件，外界和心理的压力就会迫使你不断地接受更多非必需的东西。

那么，我们该如何才能摆脱“狄德罗效应”的摆布呢？大哲学家苏格拉底有着他的处理方式：

一天，苏格拉底的几个学生怂恿他一起去热闹的集市逛一逛。他们七嘴八舌地说：“集市里的东西可多了，有很多好听的、好看的还有好玩的，有数不清的新鲜玩意儿，衣、食、住、行各方面的东西应有尽有。您如果去了，一定会满载而归的。”苏格拉底想了想，同意了学生的建议，决定去集市看一看。

第二天，苏格拉底一进课堂，学生们立刻就围了上来，热情地请他讲一讲集市之行的收获。他看着大家，停顿了一下说道：“此行我的确有一个很大的收获，就是发现这个世界上原来有那么多我并不需要的东西。”

随后，苏格拉底说了这样的一番话：“当我们为奢侈的生活而疲于奔波的时候，幸福的生活已经离我们越来越远了。其实幸福的生活往往很简单，比如最好的房间，就是必需的物品一个也不少，没用的物品一个也不多。做人要知足，做事要知不足，做学问要不知足。”

当然，我们也可以把“狄德罗的袍子”看作是更高更好的追求。人们在树立了远大的理想抱负之后，就会逼迫自己摆脱落后的现状，去积极追求更好的生活。那些成功的人之所以成功，正是因为坚信自己一定可以摆脱贫穷的命运，正是因为他们相信自己就该是穿华贵袍子的人，是值得享受更美好生活的人，并勇于去追求和创造，才拥有了今天我们看到的更美好的生活。

然而并不是所有人都有这样的勇气，大多数人甘于披着贫穷的外衣，告诉自己，这就是命运。那些缺乏自信心的人往往会说：“你看，我什么都做不好，我没有任何优点，我一事无成。”可是又有谁是一蹴而就的呢？

灰心丧气的时候想一想孩童时的牙牙学语、蹒跚学步，成功的经验都是一步一个脚印，从一点一滴积累起来的。先有了“袍子”，再换“沙发”“地毯”，最后换“房子”，为自己建立一个逐步上升的目标等级，美好的生活就这样逐步地实现了。

莫法特休息法：要积极有效地休息

农业上有一个术语叫间作套种，它是农业上常用的一种科学种田的方法，来源于人们长期的生产实践：在年复一年的实践中，人们发现，连续几季都种相同的作物，土壤的肥力就会下降很多，原因在于同一种作物吸收的是同一类养分，时间一长，土壤某种养分被吸收得过多，地力就会枯竭。

为了避免这种现象出现，人们发明了间作套种的科学种田法，即在一块地上混合搭配种植不同作物。间作套种可以合理配置作物群体，使作物高矮成层，相间成行，有利于改善作物的通风透光条件，交错利用土壤肥力，最终达到养地增产的目的。

人的脑力和体力利用情况也是这样，如果长时间持续同一项工作内容，就会产生疲劳，使大脑活动能力下降，精力涣散。如果这时改变工作内容，就会产生新的优势“兴奋灶”，而原来的“兴奋灶”则获得一定的抑制，这样人的脑力和体力就可以得到有效的调剂和放松。莫法特休息法就遵循了这一原理。

莫氏的休息方法就是从一张书桌移到另一张书桌，继续工作。

若论工作量，很少有人能超过英文《新约·圣经》的翻译者詹姆斯·莫法特所承受的。据他的一位朋友说，莫法特的书房里有三张桌子，一张摆着他正在翻译的《圣经》译稿；一张摆的是他的一篇论文的原稿；第三张桌子上，是他正在写的一篇侦探小说。

很多时候，疲劳只是厌倦的结果，要消除这种疲劳，不必非要停止工作，可以尝试变换一下工作的内容。当然，有些时候我们是应该停下一切工作休息一下，但是休息不一定代表着什么都不做，或者干脆躺在床上睡大觉，可以把工作的性质变化一下，如写作累了可以到室外锻炼锻炼等。

现代人常常有这样的体会，那就是越休息越累，想读书学习一下，可是一坐下来学习就感觉累，可是头天晚上明明休息时间已经足够了。简单的工作也做不下去，其实不需要费太多脑力，可就是做不下去，就是感觉累，思想累，身体也累，想睡一觉恢复一下，可是，睡了一觉之后，依然感觉很累，总之，越休息感觉越累，越休息感觉压力越大，总是不由自主地担心这个会不会出错，那个会不会出问题，实际上往往没有什么事，那么，这到底是怎么回事？原因何在？一个很可能的原因就是用错了休息方法。

说到“休息”，我们往往想到的是躺着睡觉、坐着发呆、去玩，这些是休息没错，但休息的方法其实不仅仅有这些，我们因为缺乏对休息方法的想象力，所以常常没有对症下药地“用适合的方法休息”，才产生了上述越休息越累的问题。

休息绝不仅仅是体力上的恢复，还包括“动力”“精神力”的恢复，很多时候，我们并没有感觉身体劳累，但就是没有劲头去做事，就是很好的佐证。正是由于我们狭隘地理解了休息的概念，导致休息不得法，才让我们越休息越累。

因此，要提倡积极有效地休息。积极有效地休息就是切换思考方式的休息，也就是前面所说的莫法特休息法。

哲学家卢梭跟我们一样，他也说自己只要工作的时间稍微长一点就会觉得身心疲倦，而且他说自己只要超过半个小时专注处理一个问题就开始觉得累。

那么，卢梭是如何解决这个问题的呢？他就让自己不断地处理不同的问题，累了就换一个问题继续思考，这让他的大脑持续抱持轻松愉快，而事实上他研究的时间并没有间断。

因此，为了防止我们在工作中出现疲劳感减慢工作进度，进而影响到我们做事的心情和积极性，我们要经常改变工作的方式，变换工作地点，或者几种工作互相交叉同时进行，让我们的大脑总是处在新鲜的信息刺激下。这样，我们就可以精神饱满地、心情愉快地持续高效地工作，而不会感到身心疲惫。

莫法特休息法主要有以下5种工作-休息模式：

1.抽象与形象交替

研究理论问题可以和解决形象的、具体的问题交替进行，比如，当研究哲学、美学、历史、心理等问题感到疲劳时，可以拿起有关的小说、散文、图片来阅读或欣赏一会儿。这样，大脑左半球会获得休息，同时大脑右半球获得充分利用，之后，可以继续研究理论问题，这样的休息可以保证精力连续充沛。

2.从不同侧面分析问题

同一个研究对象，如果切入点不同，即从不同侧面分析问题，同样会引起大脑新的兴奋点，达到休息和提高工作效率的目的。比如研读一部理论专著，在从前往后的研读中，感觉枯燥无味，身心有疲倦感产生时，可以试着从自己感兴趣的地方读起，渐渐扩展，可以使自己兴趣盎然，精力集中。

3.动与静交替

我们用一个姿势坐着学习、写作或阅读，时间久了容易感到疲劳，这个时候改变姿势，或者变换一下地点，可以起到兴奋我们的神经，卸载我们疲倦的效果。比如坐着录入一小时，感觉有些累的时候，可以站起来工作。再比如，坐着读书累的时候，可以缓步走着读，或者走到院子里读，或者读过一段后思考一会儿，这样，就不至于感到枯燥乏味了。

4.体力与脑力交替

这种方式很常见，也很好理解，就是在我们进行脑力活动一段时间，略感疲乏的时候，放下手头的工作，出去锻炼运动一番，打打拳、慢跑十分钟，就会感到精神焕发，疲劳感尽失。

5.工作和娱乐休闲交替

工作，我们需要；娱乐，亦为我们所需。和谐生活离不开工作和娱乐，正所谓“一张一弛，文武之道”，我们的工作、学习，一定要有张有弛，才可能长久下去。突击式的工作只能维持一时，长久必然会引发危害。紧张工作的间隙，我们可以看看电影，听听音乐，登登山，跳跳舞，体会一下休闲生活的乐趣，不但不会浪费时间，反而可能会因为愉悦身心，而提高创造力，甚至获得某些灵感的启示。